U0142888

地域產業
OTOP 的未來

許文志、張李曉娟、吳俊賢 著

五南圖書出版公司 印行

序

　　1970 年代，台灣與日本推動地域產業 OTOP（One Town One Product，一鄉鎮一特產）運動在地域產業發展的理論和事實上，有些法令規章和實施策略都曾相互借鏡，同質性相當高。在地域產業的理論與實質上共進化共榮共享，對兩國地域經濟的繁榮和市場機制的建立都有相當大的貢獻。雖然 OTOP 的產值不能與高科技的 IC、IT 產業的產值相比，但由於地域產業的發展，促進地域經濟繁榮，創造普遍就地就業的機會增多，是社會穩定和諧的安定力量。

　　日本推動 OTOP 運動的策略起源於日本大分縣前縣長平松守彥的提倡，激發日本全國地域產業發展風潮，甚至影響全球接軌國際。其中泰國總理塔克辛·欽那瓦（Thaksin China Wat）自 2001 年 2 月 5 日至 2006 年 9 月 19 日執政長達五年半，他仿效日本 OTOP 策略，併合行政區域提升行政效率，創設「振興農村基金」提供全國約 7,000 個村落建設基金，補助每村落各 100 萬泰銖（約 100 萬台幣），普遍開發泰北貧窮村落發展地域經濟，曾引起包括台灣、日本、中國和世界各國的重視。

　　我國經濟部中小企業處於 1989 年開始推動地方特色產業再造的輔導工作，始將 OTOP 列為其中主軸之一。至今已有 30 餘年的豐富經驗，地域特產如雨後春筍蓬勃發展欣欣向榮。尤其台灣美食與日本和食吸引全球觀光客喜愛，台灣可以和日本平起平坐。而 2020 年代的現在，我國為因應總人口數減少、高齡少

子化、人口過度集中大都會以及城鄉發展失衡等問題，開始思索對應措施。特別是期望根據地方特色來發展地方產業，讓青年返鄉、人口回流，以解決人口問題達到「均衡台灣」的目標而推動「地方創生」政策；同時，更宣布 2019 年爲台灣地方創生元年，全面展開地方創生相關工作。今年地方創生政策邁入第二年，擬結合新創與企業力量，透過企業投資故鄉、科技導入、資料庫優化、統籌資源鬆綁地方創生法規，以及建立品牌等「五支箭」讓地方回春再進化，推動在地人口回流，朝向更均衡的台灣前進。

但是，「地方創生」這個名詞並非每個人都很熟悉：「地方創生」一詞源自於日本，2014 年安倍晉三內閣提出的政策，目的在於解決日本社會人口結構變化的困境，包括高齡少子化造成勞動力人口減少、人口集中都會區衍生嚴重的城鄉差距、地方缺乏人力而致經濟孱弱。究竟這樣的移植轉入本土化的政策，台灣應如何細膩推動，有必要深入了解日本地域產業發展的沿革與邏輯，以求時時校準、運作順暢。本書第三章特別以日本地域產業發展新趨勢──地方創生爲主題，追溯 1970 年代大分縣平松守彥前縣長的 OTOP 一村一品運動，其次說明日本第六級產業化理論的發展與應用，最後討論日本地域產業「地方創生」新趨勢並提出我國未來應重視之發展課題。

日本安倍晉三首相二度上任後，針對振興地方經濟困境（因應人口流失、再造地方生機、振興地域經濟）於 2014 年創設「城

鎮、人與工作創生本部」，設置交付金補助制度，如此大規模的規劃措施，在於挖掘、媒合地域稟賦條件深化第六級產業發展。「他山之石可以攻錯」2019 年台版「地方創生」開始推展；台灣於前已有 OTOP 推動成果，惟持續努力、不間歇地推動第六級產業地域化的耕耘，方能迎頭趕上先進國的經濟發展造福國民生活。

　　因此，引進日本、泰國推動地域產業 OTOP 成功的經驗和成果。針對台灣地域產業 OTOP 發展的未來提出具體的推動策略，僅供產、官、學、研各界參考。

　　台灣各界愛護青年，再三強調要培育青年企業人才，返鄉創業創新，良策美意，從何著手？不妨協助青年返鄉創業創新，從微型企業起步，尤以六級產業創造高附加價值鏈為軸心，以 OTOP 未來發展開發地域特產，以農村為基地，落實台灣微型企業發展策略，盼望台灣各界都以實際行動大力支持協助有志返鄉創業的青年啟動。

　　最後，本書在編排打字列印，承陳芸平祕書辛勞協助，我們在此衷心致謝。

　　　　2020 年 4 月於環球科技大學中小企業經濟管理研究所

作者簡介

許文志　博士

學歷

- 日本明治大學經濟學博士
- 日本明治大學法學碩士
- 中國文化大學政治學系畢業法學士

現職

- 環球科技大學中小企業經營策略管理研究所講座教授

經歷

- 環球科技大學創辦人
- 中華民國總統府國策顧問
- 台灣省政府秘書長
- 台灣省政府建設廳長
- 雲林縣縣長
- 經濟部產業發展諮詢委員會中小企業審議會審議委員
- 經濟部中小企業白皮書編審委員
- 台灣中小企業銀行常務董事
- 中興大學兼任講師
- 中國文化大學兼任講師、副教授

著作

- 日本における地方自治事務の理論と現狀（明治大學）
- 台灣中小企業の政策轉換に關する研究（明治大學）
- 邁向 21 世紀台灣中小企業經營策略（揚智文化）

- 地方產業創新策略（五南）
- 創業與創新管理（五南）（與楊英賢、吳俊賢合譯）
- 日本中小企業經營管理（五南）（與張李曉娟共著）

張李曉娟　博士

學歷
- 日本國立廣島大學法律學博士

現職
- 環球科技大學企業管理系暨碩士班副教授

經歷
- 環球科技大學企業管理系暨碩士班系主任／所長
- 台灣大學日本綜合研究中心助理研究員
- 政治大學公共行政及企業管理教育中心講師
- 嘉義大學企業管理學系暨碩士班兼任副教授
- 財團法人日本文教基金會董事

著作
- 企業與法律（五南）
- 地方產業創新策略（五南）
- 日本中小企業經營管理（五南）
- 職場管理與法律（五南）
- 就業服務攻略
- 企業經營與實務—法律、倫理一線間
- 煩惱力（左岸文化）（譯）

吳俊賢　博士

學歷

- 日本國立筑波大學經濟學博士

現職

- 環球科技大學中小企業經營策略管理研究所助理教授

經歷

- 環球科技大學企業管理系專任助理教授

著作

- 〈台灣金屬產業之研發聯盟策略：型態、時期與成效〉（共著）《環球科技人文學刊》
- 地方產業創新策略（五南）（共著）
- 創業與創新管理（五南）（共譯）

目錄

第一章
地域產業的
理論與實際

第一節 地域產業與地域主義理論演變

　　地域產業含蓋中小企業，中小企業在地域產業內是根本，而中小企業是地域產業延伸擴大的產業，兩者一體兩面。研究其理論演變的目的在探討產業地域化的核心價值，包括產業地域化的理論與實際的經濟價值。因此，產生究竟是產業地域化或者地域產業化？針對地域產業的不同論述各家有不同的看法，並無定論。

　　自1990年代以後，產業聚落（industrial cluster）、就有產業、地域、社區社會的混合整體化，一體化之產地、企業、企業城鄉的各種不同看法。

　　就地域經濟發展言─英國的劍橋、美國的矽谷、瑞典的IT、芬蘭的資通訊、荷蘭的花卉科技、台灣的新竹科學園區、日本的新潟縣三條市、燕市、北美墨西哥手工藝產品、北義大利的第三義大利工藝產品等、地域經濟的成長（GDP）和國民年所得（GNP），多來自地域多數技術熟練者的智慧與努力。如：廚師、老師父、木匠、雕刻師、都從地域的技術磨練學習中師承師徒傳統制度，世代相傳地域產業的中小企業等，對地域經濟發展繁榮的貢獻而來。

　　從產業社會價值論、地域固有、無可取代，不能轉移的固有

社會中個人的生活價值觀，形成地域社會主體性、產業共存性、持續發展性、傳統產業無可取代性等說法。

進一步產生地域地理優越性、獨特性和其他地方沒有辦法與之競爭性，也沒有其他地域產品一樣可以和它競爭性。因為它有獨特地質氣候無可改變，無可互換。

尤其地域歷史、人文、風土、文化的價值、精神的價值、互信互賴、互助合作的精神、技術的革新，形成地域產業共同開發的理論基礎。

就上述學習—研究—「學以……」基礎到理論。

就下列應用—運用—「……致用」務實到實踐。

1. 如何增進地域產業競爭力：人才、投資、教育融合到位一體的、地域一元化。

2. 如何增進地域產業結構轉型力促進傳統產業的轉型升級。

3. 如何增進地域產業企業家創業的精神力量，對地域產業影響的重要性，地域產業引發企業家投入本土化及當地化。

4. 如何增進地域產業均衡發展，如台灣西部產業如何東移，縮短東西產業發展的差距，台灣東部原住民產業與西部農業發展的融合交流。

5. 如何開發地域產業特有潛力，如：日本北海道的愛奴族人手工藝產業，第三義大利的義大利北方手工藝產業，北美的墨西哥人工藝品產業，美國西雅圖波音公司高科技飛機製造組裝產業。

6. 如何增進地域產業產品高附加價值力—師父的傳承力、

藝術家設計力、企業家創新力，工程師的技術革新力。

7. 如何促進產、官、學、研的產學合作，依據地域的資源、人力、文化、歷史、人文風土民俗、資訊和技術等地域因素決定產業政策，開發地域，振興地域產業，發展繁榮地域經濟。

8. 如何增進地域產業分散與集中的理論來增進就業的機會，提高地域經濟利益，增加地域稅收。如中國現在正在推動以地域產業OTOP來脫貧致富計畫等。

9. 國際地域、聯盟自由貿易區（FTA）、多角聯盟（WTO）、各種戰略從無中生有，貧窮變富有，以研究理論的結果去實現循環經濟，將泥土變成黃金的現實成果。

　　國際化、全球化、跨國產業、自由貿易區等不用地方（LOCAL）而用地域（AREA）。從全球思考，從地方行動，綜合其實在的豐富具體的演變涵意。

一、地域主義（REGIONALISM）的產業化，分六項核心理論再加以分析於下

1. 近代國家主權的中央集權論，重視主權國家體制內的產業經濟。

2. 近代國家地方分權論，重視文化及環境問題。

3. 地域的國際化、超越國家思想的地域產業。

4. 地方特有的歷史、文化、民俗風土在地化充滿草根性的意味、居住＋語言自然形成地方自育、自織、自製、自產、先期以「互相交換」為古代的貿易形式，相互依存

關係的地域產業。

5. 由地域走向世界共同體，地球共同體堅持國民國家存在價值觀，地域之美的價值觀，追求國家內部地域的安居生活，強調地域非世界，而世界非地域。

6. 自1990年代開始因市場經濟化，世界各國主張以民族為單位的國家或地域存在、整合地域經濟，如：

- EU內的英國的基礎科學。
- EU內的德國科學技術、資訊技術。
- EU內的荷蘭的研發力，堅強產業化的競爭力。
- EU內的義大利的商品設計優勢。
- EU內的法國的商品藝術價值的思想領導全球。
- 各國多樣化富有文化個性創造了異質性、多樣性、相互包容的地域產業，在此融合的文化中，各國不再主張「本位」化，共同走向展開地域產業的大整合，所謂異中求同，同中求異，相互相成的地域產業共進化，共榮共享。

二、地域主義的多樣性與其本質

地域：指地形、地勢、各地域的農業或人民的生活方式，因地域主義產生優位的「中央」與弱勢的「地方」的對立。

如中國古代的諸侯封王，日本明治維新前的幕府割地自治。而美國獨立後，各州政府的地方主義，更明顯從EU、日本、古代中國及現代美國都以經濟發展的策略整合地域，促進地域產業化迅速發展，在各國中小企業發展行列中都具有重要的地位。

由於居民經濟生活的協同關係，建立地域產業的平台，進行

互易互利的廣域經濟生活領域，民間成立各種同質產業組織，以地域居民的共同意志決定地域的生活、文化、行政上產生地方分權化，由住民自主管理的意識，中央政府制定中央行政的規範，將地域社會再組織化、協助地域產業的進步。

居民的思想，調和經濟與生活活動，擴大經濟的地域內良好循環。研究的學者以為是產業技術介入產生的作用，是一種促進地域產業發展的驅動力。

但，地域主義的地域自立不能只從經濟面看，它含有政治、文化的獨自性，不可能完全獨立於中央政治之外。

政治的自立是地方自治擴大的意向，要求行政與財政的分權化。日本自謂「脫離中央三成自治」的方向從地方財政制度言，規劃了地域產業構造的形成及其地域財政收入的水準與構造。所以，政治的自主與經濟的自主方向密不可分。

從地方財政制度言，規劃了地域產業構造的形成及其地域財政收入的水準與構造，所以，政治的自主與經濟的自主方向性密不可分。例如：日本明治大學大學部設立政治經濟學系，大學院設立政治經濟研究所碩博士班可以為證。

在地培育地域發展的人才，比安定地域社會以及不可或缺的涵養經濟自立自強的企業家精神，對地域產業的育成與改革極其重要。

因此，自地域主義研究其經濟自立的條件大約可簡要分成五種要素：

1. 確保地域社會內就業機會。

2. 必先蓄積地域產業化必要的人力資源，每年提供新人才。

3. 要有育成創投風氣經營者風土及其在地域內存在發展的企業存在。換言之，要有地域企業家精神的風土存在。

4. 以一國經濟的國際收支，約略相同的概念的地域「領域」收支均衡為努力策略。現代經濟無法自給自足，必須形成地域優勢產業，立足於地域內適應風土育成的地域產業。

5. 地域的形成，依據地域居民自由意識和自然生態環境來作決定。

地域主義，朝向地域內經濟自立，如何將地域內經濟循環轉型升級創造更大利潤，的確是重要的課題。

如各地域內經濟循環轉型升級成功，企業利潤及員工待遇價值提升，就會從此地域產生更多附加價值。因此，創造更多新的創業機會和更多的就業機會，的確是地域主義的核心。

其次，建構地域內經濟循環制度亦為重要課題。

地域內的第一、二次產業相繼多元發展，因而產成產業相關網路化，在一定經濟範圍內實現地域化經濟，追求經濟規模網狀化深入地域無可避免。

而此地域社會，依自由主體意識決定自治體制，支持地域經濟的產業，其緊密的人際關係、企業關係及產業關係形成產業網狀化，藉由媒體傳播暢流網路影響力促進網路產銷已成風潮，都是政府努力的目標也是人民的期待。

從總體經濟的策略看地域產業，為均衡國民經濟而開發地域的「地」，促進地域經濟活動水準提高，對未開發地域經濟的開發的經濟政策，加速落後地域趕上發達地域，消除生產差距、所得差距及地域經濟差距的目的，在為居民改善生活環境，提高居

民生活水準。

　　日本利用美夢成眞的國土開發美夢成善的產業，以國家整體計畫來平衡地域之間差異的經濟戰略。當今，世界上日本一貫貫徹爲地域開發政策的以環保優先的基本策略（因地狹人稠，資源缺乏）因而日本極重視生態、生產、生活環境，學習中國的《易經》的思想以天、地、人融合保護自然生態的哲學思想，進行經濟開發同時保護好山好水的環境、發展地域產業，繁榮地方經濟，實踐環保經濟學，提升人民生活和環境的品質。

第二節　地域與產業的共進化共榮共享

一、閉鎖型國民經濟與開放型企業

　　產業優先論比地域優先論的時代較長，但政府依產業政策採取輔導產業優先措施，促使產業政策以工業化為目標在短期內達成。如：1960年代的台灣，先以農業輔導工業發展，再以工業化促進農業的自動化，共榮共享農工業並行發展的經濟成果。

　　在國民經濟內將一定資源分配於地域之間，意謂強化制約效率化，形成閉鎖型經濟，形成文化社會同質中心，社會安定、人民安心。

　　開放型企業獨自發展，追求利潤，依市場競爭產生經濟成長，確保原材料輸送便利發展的物流業、服務業，確保勞動力接近市場，何處有利益就走向何處去謀利，到處創造獲利的競爭空間。

二、地域內經濟循環

　　各地域經濟循環力量，達到產業能夠轉型升級，就會增加地域內更多的附加價值，將其附加價值再投資於當地，必然增加更多新的就業機會和創造更多商機。

　　重視地域內市場或地域內供需關係，形成地域經濟，地域革

新的活潑性才能向外發展市場，育成成功後移出由產業量產，不斷的創新技術、新產品、新產業，必須地域不斷創新，從產業到工業地域構造的革新，機械工業扮演著大都市開發與高度基礎加工機能，而裝配工廠肩負地方圈農村地域及工業地域分業分工代表的典型，這種良性經濟循環，驅動著地域經濟的發展。

三、自地域產業化邁向產業的地域化

1. 內發的振興地域產業

　　地方產業→地方在地工業→地方改良工業→地方機械工業→尖端技術工業，從傳統邁入現代化。所以，地域產業在地域核心企業或產業變化中如果不能因應環境變化，必然弱體化，帶來地域經濟疲憊。此時要將核心企業的經營戰略大大轉型升級，另尋地域產業聚落相關企業發展。

　　21世紀中小企業出現創業危機之「窗」，傳統既有的中小企業開始考慮走第三條育成之路。中央集權的國營事業的大釋放，走向地域產業的主體性「地域由地域自行開發」民營之路，英國、日本成功案例，台灣亦學到改革進步的具體效果，但至今並沒有完全民營化，例如：台灣的中油、中鋼、中船、台糖產業等仍然是國營企業。尤其中國的國營企業，仍然占總體經濟產值30%以上，連軍隊也在做軍營企業。

　　2018年11月起，中國經濟發展下滑壓力巨大，國家主席習近平又面臨中美貿易戰，美國總統川普一日三變的商人性格難以掌控。因此，習近平大聲強調要大力扶助民營企業發展，尤其民營企業80%都是中小企業。中國國營企業民營化潮流正風起雲湧，將成為本世紀經濟發展的主流。

2. 網際網路的地域化、產業化

從產業高度成長來看，如果地域產業不能面對經濟國際化產業的變化，地域產業必然會急速衰退，其社會分工的地域優勢亦會消失。因為網路化已是地域產業與國際接軌必經之道。如中國大力倡導互聯網+產業，要發展為網路王國，進一步達成世界的網路強國。馬雲領導的阿里巴巴網路企業化、產業化，不但翻轉了世界更創造了以網路行銷產品的經濟發展全球化。

日本新潟縣三條市、燕市，從西餐食器，廚房用具到高科技機器相關產業的聚落，轉型升級為優質高級產品走向國際化，尤其東京都大田區，大阪府東大阪市，長野縣阪城町，諏訪市等以新產品新聚落分擔社會分工產業結構，因應時代的變化，因地域產業的創新，大大改變地域產業面貌，創新產業、脫胎換骨。

網路時代、地域產業、互競互助、共存共榮，既競爭又合作。產品及技術專業化、專利化。產業產品細分、多樣、多功能。產生個人、社會、職業各種不同的網路，做不同企業間的連接，真是「有網走遍天下，無網寸步難行」。因資訊產業相互依存的累積，促成產品聯盟、知識聯盟，帶來更多企業間的增益，果效遞增。

社會分工的機能是培育新產業的苗床，地域產業利用網路進行行銷，既競爭又聯盟，促成企業互補互助，提高產能，節省開發產品的成本，接近市場創造更多利潤。今後，企業網路的發展，促成交換資訊，節省新興產業成本，將是發展地域產業最佳武器。美國矽谷，第三義大利均因地域優勢發揮網路行銷全球，讓地域產業功能登峰造極，足可以見證。

日本1970年代以「產業聚落形成」為誘餌。1980年代以「強

化聚落產業升級」為目標，1990年代後半以「地域產業聚落活性化」及「中心市街地活性化法」推進「產業聚落的活用」大大成功，促進日本經濟高成長。

其次，值得強調地域產業的無形資產（intangibleasset），依據日本明治大學中小企業學者百瀨惠夫教授「企業集團化的實證研究」結論，從地域產業內部的合作原理與外部企業策略聯盟集團行動為主軸加予分析，其中像俱產業為形成產地風土性最獨特的要件；傳統的地域技術、業者的地域合作精神、企業間的信賴關係、產業經營者與員工之間的信賴關係，即是地域產業中小企業文化的結晶，是網際網路上看不到的地域產業的無形資產。

所以，研究中小企業學者的共識認為「產業地域化」就是地域資產的有機化，地域產業的整體化，產業與地域社會的一體化，是國家經濟發展的尖兵，國家經濟成長的礎石，地域產業在國家經濟發展成長過程中扮演了與地域居民共榮共享的重要角色。

四、地域聚落（CLASTER）是產業地域化和地域產業化地域產業共進化融合的全景

1980年代馬歇爾（A. Marshall）在《經濟學原理》一書中強調工業時代地域聚落三項特質：

1. 同一產業在同一場所，勞動力集中，利益集中。

2. 產業中心地域，非貿易投資而是廉價的服務業。

3. 產業集中，形成資訊傳播高效率，促進技術普及化、地域產業普及化，帶動周邊相關產業的發達。工業化利用機械分工聯盟，產業在地化，用教育培訓技能，擴散知

識、增強經濟能量。物流業發達，創造需求、多樣和就業，勞動力移動供給，資金流動活用，促進經濟優質流動效益。其中，產生的市場經濟：

(1) 勞動力依市場需求，迅速供給大量生產的能力。

(2) 勞動者具備不同種類專業能力，多功能化。

(3) 薪資支付能力充足。

所有產業產品均能在地域聚落內完成交易。在地企業與在地學術研究機構產學合作，經過政府輔導，創新育成，技術移轉（TLD）、產生技術革新、地域、產業、產品、創新、形成地域產業化和產業地域化過程展現聚落的產、官、學合作共進化全景，正是地域經濟發展的動力。

五、市場與組織相互作用及網路的功能

1. 為節省交易成本而選擇組織

產物與地域互相共進化過程，因制度的環境變化，經濟行動的決定要因應隨之變化，以共同進化過程基本的重要因素就是近代技術及企業制度，因應企業構造及組織的變化。經濟構造或產業構造變化都表現於具體的企業構造組織中。

2. 企業市場兩種網路組織

產業地域內的分工，如日本許多下游企業聚落地域，因分工生產成為企業間的中間組織，長期互相交易，建立信賴關係及合作關係，經過組織整合促進地域產業更加發達。日本的豐田汽車零件配套產業在日本國內完成符合地域分工組織，而在國外的泰國的豐田汽車組裝廠，是整合東南亞各國零件

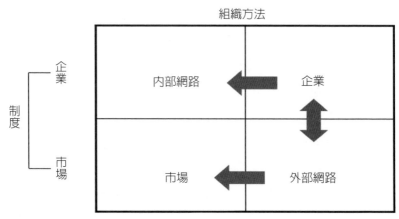

組織方法

資料來源：日本明治大學伊藤正昭著《地域產業論》（2003）

製造組合而成為典型，即可見證。

3. 網路在地域產業中，建立4項組織功能特徵

(1) 相互主義（reciprocity）

交易的相互平衡。

(2) 相互依存（interdependence）

交易者的判斷，友情依存，相互認識，透過媒體表達自由意志導向，簽訂交易契約，互相遵守契約，節省成本。

(3) 企業能力的關係（power）

中小企業間與零件供給者交易關係的建立，網路發揮領導群企業力影響企業的發展。

(4) 和融的關係（loose coupling）

透過網路企業間參加者的理念溝通，保留個人獨自想法，選擇對話互相學習的機會，選擇技術革新的良好企業環境，迴避累積的誤解而結合一起共同投資，共同開發，執

照協定的戰略聯盟，因此和融的關係能共同獲得更多利益。

總之，地域產業生產特產，注入技術革新的力量，促進傳統手工業多數中小企業群在地域內進行分工，形成整合企業間的網路。因為融合的關係，中小企業對交易以外的企業亦能開始進行交易，據此可能調整自己公司的產品，從大量地域生產轉型知識經濟地域生產，從下列表格的分析、更能深入探討它的存在功能和未來發展方向。

大量生產地域與知識經濟生產地域比較表		
項目	大量生產地域	知識經濟生產地域
競爭力的源泉	自然資源、勞動力比較占優勢	知識創新、不斷改善、向上提升的持續性競爭占優勢
生產系統	勞動力、研發與生產分開而大量生產	不斷創新價值為源泉的新知識、結合技術研發及生產
製造業	接近供給者的良好關係	革新技術源泉的企業網路、供給系統
人力資源	相對低技術、低成本、低勞動力的教育訓練	知識勞力、人力資源的持續、質的提升由於不斷的教育訓練
物質的媒介力	以國內為導向物流	全球化的物流
產業控制系統	對立的關係、依據指示與管理調整其構造	相互依存的關係網路組織、柔性的調整其構造

資料來源：作者研究整理（2019）

　　然而地方政府要協助生產者解決困難以及依照同質性的地方文化來增進彼此間的信賴感,透過公關媒介對話溝通,此種社會多元存在的地域產業,立足於企業社會且根深蒂固,只要企業能不斷創新就可能永續經營。

地域經濟在總體經濟成長中並非萬靈丹，其發展途徑中最大障礙仍然受限於國際化。在經濟發展中國民經濟不能完全堅持自己的地位，依賴政府補助金成立的農業經濟，產生農業政策與國際化對立摩擦。如日本尤其惡化，地域經濟面對國際化弱體化的地域經濟。美日之間為汽車、牛肉、柑橘、玉米、貿易摩擦不斷。日本希望與世界各國簽訂FTA之所以不順利，最大困難仍在農業地域產物的問題。

如果將『既存工廠』及『傳統產業』向海外移動，便造成國內產業空洞化的危機。面對挑戰，地域產業發展之道必然繼續接受考驗，如果不斷從創新技術、創新產品、創新品牌，賦予更高的附加價值，因應FTA區域經濟的整合，順應世界經濟發展潮流，調整地域產業自主性，做適度納入多樣性、多元性產業規劃、發揮『原味』特色，接受FTA的經濟洗禮，說不定可以另外開闢一片新天地的產業新境，突破國際化、全球化的阻力，或許尚有發展的空間。

地域產業經常被中央政府忽視，是因為其產值不及高科技。例如：IC、IT、AI的產值高。雖然地方產業的產值占GDP成長僅0.5%之低。但對社區居民生活改善，增加居民就業機會，仍是

促進社會安定和諧的力量，貢獻良多。在市場機制與地域經濟發展中具有，「質」與「量」平衡的功能。

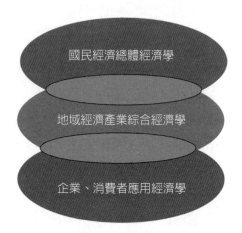

國民經濟總體經濟學

地域經濟產業綜合經濟學

企業、消費者應用經濟學

圖　地域經濟產業在總體經濟上重要位置圖

資料來源：日本明治大學伊藤正昭著《地域產業論》（2003）

　　當前，發展地域產業不僅只是研究地域產業的理論而已，更要積極重新整合地域資源，從氣候、風土、人文、景觀、歷史、傳統的獨特性、持續性、落實融入地域產業中。就農業的1.5次產業，強化第2次產業地域產業的附加價值，自第一次產業的農業生產升級至第二次產業的工業加工，加強第三次產業的產品銷售服務，建立完整的地域產業鏈，從地域開發中活化產業，給具有活力的中小企業實現「在地生產、在地銷售」的市場經濟。

　　最好的範例如日本大分縣前縣長平松守彥於1970年代所提倡一村一品運動，台灣在1980年代引進加以推動的OPOT和觀光工廠，就是從日本一村一品延伸擴大為台灣的一鄉鎮一特產（OTOP）。

日本大分縣從1979年開始推動OTOP（一村一品）一鄉鎮一特產，在狹少地域的町（鎮）和村（鄉）的特色產業，創立地域特產生產組織。宗旨在於與其從地域外購入產品，不如在地生產然後銷售到地域外，便能在地域內創新附加價值、構築地域經濟循環構造，建立第1、2、3次產業的地域產業鏈。台灣的地方特色產業和產品，其走向都朝著同樣的地域經濟，地域產業發展的路線推動。

　　地域經濟的商機，都來自為地域居民的衣、食、住、行發展的地域產業，例如：為了少子高齡化社會發展銀髮族福利，看護產業等商機。為了地域婦女創設婦女手工藝所，利用地域資源、協助婦女推動在地商機，類似各種小微型企業的組合，利用媒體資訊傳播商機。另在環境保護和綠能產業利用上，充分將地方資源再生利用。在食品安全方面，強化有機栽培無農藥的農產品及有機健康食品的商機，將地域經濟的利益充分落實到居民的生活中共榮共享。

　　另外，在地方特色產業聚落（industrial cluster），在地方特產市場接近產地，縮短生產者和消費者的距離，形成注入式的行銷，確保產品的品質和新鮮度，確保消費者安全、安心、安康的權益，善盡生產者品牌、品質、品味的義務。

　　地域產業走向地域產品的聚落，再從聚落走向產業網路化，將傳統的地域產業活化為現代化的地域特色產業，必須經過產業的組合再造，其過程必須經過產、官、學、研合作，異業種（跨業）交流，建立企業間的地域網路平台。

　　在產業聚落（industrial cluster）裡，特定的相關產業，專業性較高的供給業者，服務業者等相關企業，相關機關如：大學、

研究機構、產業團體等，集中在一定地域內形成既競爭又合作的狀態。從日本汽車產業來看它的供給體制，首先建立汽車產業下游許多零件供給者，互相促進形成供給體制更完善。如在泰國的日本汽車生產聚落戰略，分散在亞洲各國生產汽車零件，然後集中聚落在泰國組裝，產生高效率、高品質的亞洲各國供應鏈共榮共享。

　　未開發和開發中的國家，發展產業如未能工業化，僅以傳統方法進行地域開發；效率差、經濟性也差。全球因自然生態環境被破壞地球溫暖化升高，地域資源變負數，糧食生產減退，人類面臨糧食不足的危機，因此振興地域、活化產業的課題更受注目。

　　地域生產活動由生產者直接將產品送到消費者的市場，促使農村、農業、農民的糧食新鮮價值提升，改變地域社會新的經濟生活。

　　日本一村一品運動引進開發中的國家時，除引進思想觀念、實務管理以外，更將專利技術、技術革新、網路行銷、培育人才等全套的政策支援，協助開發中國家在固有地域、開發出實效價值的產物。如幫助蒙古共和國推動一包（蒙古包）一蔬果的運動，在蒙古包內種植水耕蔬果，改變蒙古食肉民族食用有機健康水果蔬菜增進健康提升生活品質，掀起肉食民族搶食有機健康蔬果創新產業的風潮。

　　但振興地域、活化產業成功的祕訣並非無目標無限制的開發產品，必須先滿足消費者需求，供應者創造獨特性、多樣性、少量多樣供應市場消費者的需求。生產者利用地域資源、創造產物價值，透過物流系統『促進異業種的策略聯盟』、產生更大更高

的綜效。

　　日本於1998年開始推動的第5次全國綜合開發計畫，在國土開發初期，從「自然資源的合理利用」、「地域資源的保護」、「尚未充分利用的資源加強利用」，執行多元參與「形成循環型社會」、「活用地域資源育成高附加價值產業」，將自然環境、歷史文化、農地、森林、河川、山陵等地域資源發掘活化，創造地域產業獨特性、價值性、吸引都市居民前來享用。

　　茲將地域資源表列如下：

地域資源的分類表				
固定資源			流動資源	
地域條件	自然資源	人文資源	特產物資源	中間生產物
交集的條件 地理的條件 人類的條件	原生的自然資源 二次的自然資源 野生生物 礦物資源 能源資源 水資源 總體環境	歷史的資源 社會經濟資源 人工施設資源 人力資源 資訊資源	農林水產物 農林水產加工品 工業部品	間伐木材 家畜糞尿 落葉枯草 產業廢棄物

資料來源：日本三井情報開發株式會社綜合研究所（2003）

　　地域資源含蓋地域的自然、人才、歷史、文化等方面的價值、有固定的、有流動的，如農村的民宿、汽車旅館充滿休閒、觀光、美食、運動的價值，做為都市與農村合作交流的平台，擴展居民人際網路空間，活化了地域，供應大量優質的產物吸引都市的消費者進入鄉村消費，降低市場的成本，享受一村一品的價值，實現地域產物直銷，在自然優美的環境，享受休閒、運動、

觀光、美食的有機健康生活。

　　日本一村一品運動政策推廣傳輸進入開發中國家時，深受二次世界大戰後，美國總統杜魯門首先指出「開發國家（先進國家）、非開發國家（開發中國家）」，將世界劃分為二的思想影響。視地域（Area）、非地方（Local）並非完全受中央政府管轄，沒有任何權力可以完全控制地域的發展，它是居民自立自強的自由生活空間。從經濟學的觀點加以分析；人口動態、產業結構、經濟價值、歷史文化等地域現象，如果全部聚集在都市會造成過密的憂慮，如果全部分散於農村造成過疏的不利。諸多地域問題政治的、經濟的、財政的、行政的、地政政策，並非地域或居民獨享地域資源價值。其開發的目的，希望擴大進入地域外的市場，建立市場機制，增加更多產值、活化地域利益、與地域周邊的都市居民共享利益，促進地域資源透過市場機制將地域內部的價值擴展到地域外居民共享。

　　在網路時代的地域資源「人、物、錢、資訊、組織」透過網路及物流系統，將未開發的過疏地域與已開發中的過密地域緊密連結一起，改變提升地域資源的價值。

　　再引申文化經濟學的理論，活化地域資源，開發地域資源固有價值，生產有價值產物、創造社會價值，都是運用地域資源固有價值、生產者與消費者共同在市場機制內創造的多樣化享受價值，供需之間共同追求的社會價值，借用市場機制的空間，實現共同享受地域開發的成果，達成振興地域的願景、活化產業的美夢，供需雙方都對地域發展擁抱著無限可能的期待。

　　其次，在地培育企業人才，發揮地域企業家精神，是決定地域產業發展成功的重要因素。

從中小學生開始實施經濟教育和地域產業教育、培育地域內中小企業的繼承接班人才的傳承教育，培育中小企業創新創業的幼苗成長茁壯、建構地域技術革新、不斷創新地域特色產品、驅動地域產業和地域文化永續發展，實踐地域產業的理論和實際功能。

第二章
日本推動OTOP
運動的策略與
成果

第一節　日本推動OTOP運動的起源與發展

　　平松守彥1924年出生於日本大分縣大分市，1949年畢業於東京大學法律學系，畢業後進入日本內閣府的商工省（現在經濟產業省），歷任主管產業公害課課長、石油計畫課課長、電子政策課課長，1974年轉職內閣府國土廳（現在國土交通省）擔任祕書長兼審議長官（地方振興局長），1975年應當時大分縣長立木勝邀請回到故鄉大分縣出任副知事（副縣長）。1979年立木勝退休，平松守彥當選大分縣縣長（縣知事）。推動Techno polis高科技密集型都市。

　　日本政府通產省於1980年代提倡整合大學和國際學術力量合一，整合國家密集型都市構想，創造新產業都市，同時平松守彥縣長提倡OTOP（一村一品）運動，為unigue（獨有無二）策略振興地域經濟，獲得日本1988年第一屆傑出專家獎，1988年日本新語流行特別功勳獎，1988年獲得南十字星巴西國家大士官勳章獎，1995年獲得菲律賓麥格塞塞政治獎。

　　平松守彥著有：

- 《一村一品のすすめ》（推動一村一品）
- 《テクノポリスへの挑戰》（獨特生產的挑戰）
- 《地方からの發想》（從地方發想）

- 《地方からの變革》（從地方改革）
- 《地方經營の時代》（地方經營的時代）
- 《東京で出來ないことをやってみよう》（東京不能幹的事我做做看）
- 《グローバルに考え、ローカルに行動》（全球思考、地方行動）等專書。

他是一位行政經驗豐富和學術思維並重的政治幹才。

自1973年世界發生石油危機，日本地方產業明顯衰退，為此政府積極立法明訂各項獎勵措施，日本政府立法振興地方特色產業，促進地方產業發展：

1. 傳統工藝品產業振興相關法。1974公布、1992年、2001年修正。

2. 特立產業群聚活化臨時措施法。1974公布除了民間個人手工產品外，如工藝家協會等，均可以團體向中央經濟通產省提出計畫指定為國家級「傳統工藝品」申請補助款、優惠融資、投資租稅減免或借貸融資信用保證。

在特定地域從事特定行業的中小企業，依法申請政府贊助設立財團法人「地方產業振興中心」作為實施對策的核心組織，以拓展市場，培育人才，指導技術升級、協助創新研發、推廣行銷活動，可獲得租稅減免，補助款、優惠融資等獎勵。例如：日本沖繩縣政府為促進「泡盛」燒酒產業的發展，特聘日本明治大學百瀨惠夫教授為沖繩文化特使促銷「泡盛酒」，每年在東京舉開「泡盛酒」經銷會員大會，約有500位企業家參加盛會。

筆者曾在2005年參加該項盛會並被介紹代表台灣中小企業專家學者與會。該會特邀請國會議員及日本地方特產經銷人、健康

食品產業經銷人參加外，透過媒體大量宣傳。「泡盛酒」產量每年增加並外銷到日本各地。自2001年度約增加12.5%，大輻提高到2003年度的23，6%，約成長1倍，而沖繩的健康食品產業2003年年銷售額達177億日圓，約爲1998年70億日圓的2.5倍。台灣市場也自2010年開始大量販售「泡盛酒」至2018年，年年超過60萬打的巨量。日本已成爲全世界OTOP產品銷售最普遍、最密集、最成功的國家。

2003年春天，平松守彥任大分縣長六屆24年退休，著作除前述以外有《地域自立戰略》。因日本東京集權，財源都控制在霞之關的中央政府，他強調「分權、分財、分人」。因日本慶應大學創辦人福澤諭吉於1877年（明治10年）著有《分權論》，將國權分爲政權和治權。中央政府管政權：外交軍事、貨幣管理（財政）。治權：公共事業、衛生、教育等應分權給地方。

分權：國家將權力分讓給地方。

分財：中央政府將財源分配給地方政府。

分人：國家將人才從東京分散到地方。

1995年大分縣開始將縣政府的權力移讓給鄉、鎮、市，3年間共24項事務性，343項業務性分給鄉、鎮、市。例如：將農家改設爲民宿、可招攬觀光客住宿，全國第一處快樂農村放寬限制，准許設在大分縣安心院鎮。平松守彥縣長主張：地方自治財政爲首要，要培育地方人才，建造活力的地域經濟圈，讓優秀年青人才定居地方。大分縣政府和縣議會要一體化，同時提高行政效率，建立地域文化傳統、藝能網路。

當時，大分縣大山鎮農會矢幡治美會長，提倡「種梅、粟到夏威夷吧」背離國家的農業政策。因大分縣政府指導農民種稻和

畜產政策，鼓勵種梅、粟、松茸等高附加價值的收益高農產品。湯布院鎮發展溫泉旅館觀光旅遊。從設立「一頭牛牧場」開始，鼓勵發展一鄉鎮一特產、活化地域、互相競爭。平松縣長自己擔任地域特產推銷員，大分縣共有58鄉、鎮、市全部縣民都聽過平松縣長主持座談會的演講，鼓勵發展一鄉鎮一特產，每一鄉、鎮、市都因此而強力推銷自己的地域特產。例如：姬島的車蝦、松茸、燒酒。然後影響到熊本縣、北海道、滋賀縣、神奈川縣，紛紛發起一鄉鎮一特產運動。

第二節　日本大分縣推動OTOP運動的策略

一、創設「豐盛之國私塾」培育推動OTOP運動振興地方的人才

推動一鄉鎮一特產的大分縣長平松守彥再三強調最重要的是人才，沒有企業家精神的人才地域絕不可能改革，一鄉鎮市一特產運動與振興地域，首要策略在培育實踐人才並提供發揮領導力的舞台。因此，1983年在大分縣內設立12所創造「豐盛之國的私塾」，一所30名學員，採二年制。平松縣長自己擔任塾長，成為傳授農業、林業、水產業的學校教師。公所的職員、農會職員，因白天要上班，都在晚上授課。

雖然有一鄉鎮一特產和振興地域的教師，但還沒有教科書。第一年先請一鄉鎮一特產運動成功的地域領導人來授課，從每個成功個案一個個學起。第二年開始推動在地域內實踐一鄉鎮一特產運動，舉辦任何活動都由「塾生」們自主決定。各鄉鎮將製造成功的特產推出行銷，以「實踐、持續、啟發」做一鄉鎮一特產「塾訓」網路行銷中心。「塾生」們以振興地域成功豐富的經驗傳授一鄉鎮一特產精華寶貴的方法。

大分縣政府並沒有支援鄉鎮補助金，全部由縣民自動自發，縣政府只站在後面支援，對特產品生產基盤做整合。例如：暢通

交通降低物流成本，支援技術指導提高產品品質。平松縣長帶頭行銷，各鄉鎮製成的新特產先送給縣長品嚐，再請縣長取名，最後由縣政府負責登錄產品，每年調查統計販售量和總收入金額。由鄉、鎮、市公所和縣政府合作主導蒐集一鄉鎮一特產運動成果資料。運用文化、民謠、觀光的力量全力推銷一鄉鎮一特產。各鄉、鎮、市利用劇場、戲院、浴場的霓虹燈宣傳，各鄉鎮市公所開拓新市場創造利潤，利用自然環境發展觀光，吸引觀光客人潮不斷增加，創造美麗的地球村，居民扮演主角，政府專心創造市場利潤。大分縣推動一鄉鎮一特產運動，前後25年間鄉、鎮、市登錄了關味噌、關鮭魚、松茸、麥燒酎等336種新特產，販賣金額達1410億日圓。種類每年成長2.3倍，金額每年增長3.9倍。因為造成大分縣等地域人口過疏的原因是東京過於集權，唯有推動一鄉鎮一特產運動是解決地域人口過疏的祕訣。因為過疏不可怕，錯誤的數字才是定時炸彈。

大分縣是日本人口過疏第一位的地域，過疏率依據過疏地域自立促進特別措置法（過疏法），指過疏鄉、鎮、市地域的比率占全縣鄉、鎮、市比率而定。大分縣共58鄉、鎮、市中，有44鄉、鎮、市被指定為過疏地域，占75.9%，是全日本第一位。北海道占75%、鹿兒島占71.9%、神奈川和大阪沒有人口過疏的問題占比都是0%。

被中央政府指定為過疏鄉、鎮、市時，可向中央政府借款過疏貸款並可從財稅收入分配給過疏鄉、鎮、市做還債，也可得到中央政府財務特別補助，但沒有人喜歡住在過疏地域，那是不得已。所以，政府推動將鄉、鎮、市合併入大分市，當然也可降低過疏率，但少子化的實態卻改變不了大分縣的過疏地域。日本各

都道府縣的面積和人口密度，大分縣192人（1平方公里），排名全日本第36位。比大分縣人口密度低的全日本還有11縣。因此，平松守彥縣長對縣民呼籲「過疏並不可怕，可怕的是心理過疏，我自己如果不想住在這個鄉，這個鄉就消失了」。

　　爲此，平松縣長於1983年設立創造「豐盛之國私塾」，號召縣民向住在縣內各地爲地域流汗打拚的領導者學習，白天工作者利用夜間學習：如何解決自己地域的問題，促進地域的進步。開塾初期只有辦日間班，僅31人參加，其中農民、商人、農會職員、家庭主婦、學校老師、有各色各樣的人參加。到第三年開辦了12塾、採一期二年制。平松縣長自己任擔塾長，沒有教科書也沒有老師。所以，先從介紹先進發達地域開始，各鄉、鎮、市長自己擔任講師，夜間互相座談研討後並進行聯誼一起喝喝小酒。最初一年介紹成功或失敗的個案分析，學習如何解決自己地域困難問題開始學習，提出解決問題應有對策來解決問題。第二年以實踐課程爲主軸，就地域內產業如何開發？如何發展？如何轉型升級？塾訓「實踐、持續、啓發」意義在繼續傳統，開啓新局，實現目標。振興地域之路無止境，不論失敗與挫折，不能半途而廢，要愈挫愈奮進，不達目標絕不終止，必須先建立鄉民堅強的信心。例如：日本青森縣的蘋果，栽培過程中再三失敗再三培植，經過颱風和大雪的打擊，農民永不放棄，今天才有全世界出名的「青森蘋果」。就如豐盛之國的塾歌「青年們」中的一句「你們要走的路遙遠沒有止境」。兩年後「豐盛之國私塾」的畢業生共1961人。從此走向更專業的培訓專班學員制，分別創設了「豐盛之國肉牛飼養塾」、「21世紀大分縣農業塾」、「豐盛木業塾」、「觀光交流塾」等共12塾的專業培訓領導人才班。

以上各類塾班都經過電視不斷報導，獲得日本各界好評，引發鄰近縣的鄉、鎮、市熱烈響應推廣。像「豐後肉牛飼育塾」於2002年經全國和牛協力共進會品評為全日本第一名。大分縣許多大企業家，熱心教育，時常擔任講師，帶著年青塾生到海外向各大企業經營者講解問題和與會者深入交流研討。

　　尤其觀光客最多的湯布院鎮人口僅1萬餘人，2003年觀光客成長達到412萬人次，一天有1萬人以上觀光客住宿在湯布院鎮的旅館和民宿，改變大分縣過疏的鄉、鎮、市，而且大分縣有許多天然溫泉，吸引更多觀光客到來。只要有愛護地域的人在，過疏不可怕。培育地域領導人才從創造「豐盛之國私塾」開始培訓，還有更多的義工熱情參與大大改變過疏的大分縣地域，其中有縣議員，鄉、鎮、市議員都參與，形成2003年NPO法人創造「豐盛之國塾生學會」，繼續為振興地域全力以赴。振興地域培育人才為本、培育人才是推動一鄉鎮一特產運動的最終目標。

二、推動「從地方到國際」的地域外交促銷OTOP產品

　　地方外交帶來和平，促進人與人、地域與地域交流，大分縣的地方外交，對外自中國的上海開始，1983年上海市長汪道涵突然希望和日本大分縣平松守彥縣長會談一鄉鎮一特產運動和電腦產業。平松縣長1971年曾在日本政府內閣通產省（現在的經濟產業省）擔任電子政策課長時代，相當了解電腦應用功能。寫了一本《ソフトウエアの話》被中國譯成《軟件的商品化》。汪市長看過此書認識軟體的重要，同時看過平松縣長的《一村一品のすすめ》中國譯成《推動一村一品》。因為上海是工業生產中心，製造工業的零件凌亂不齊，為提高產品品質，推動一廠一品品質

管理。因此，平松縣長1983年8月應汪市長邀請到上海演講，參加者包括人民政府，經濟企業界、工商貿易界的領導幹部共200人聽講。

　　平松縣長演講內容經電視、報紙擴大報導，引起全中國熱烈討論。汪市長推動「一條商店街一特產品」、「一廠一品」運動。後來汪市長也親自到大分縣參訪，創造了上海市推動一鄉鎮一特產成功的實例。以後繼任的上海市長江澤民、朱鎔基、曾慶紅（當時的中國國家副主席）等都受到汪市長的指導。曾慶紅國家副主席於2002年將中日復交30週年紀念大典放在大分縣舉行。他直接自上海搭飛機到大分縣並帶來「大禮物」開設上海直航大分縣定期航線，曾慶紅一行官員一起（他當時是中共中央組織部長）搭首航班機到大分縣。

　　武漢市長吳官正推動「一鄉一寶」運動，提倡「一人一計」呼籲人民響應。曾慶紅組織部長送平松守彥縣長到西安途中，向平松縣長說「一鄉鎮一特產運動，俄國也很重視」。2年後俄國戈巴契夫政權誕生，為改善國家經濟推動各項經濟改革方案，並派俄國駐日大使蘇米夫到大分縣參訪。1990年6月平松縣長受邀到俄國演講，印證了吳官正市長的預言。

　　同時俄國共產黨中央委員會發行社會主義工業新聞頭版頭條刊出「大分縣的奇蹟」，對俄國地域特產品絨毯的發展大大激勵，特別介紹大分縣政府並沒有補助人民生產費，是由地域居民自立自強努力開發一鄉鎮一特產運動，讓人民脫離貧窮。一向習慣由上而下實施計畫經濟的俄國，讓人民對一鄉鎮一特產運動以自立自強精神振興地域居民充分學習。然後，平松守彥縣長也訪問了莫斯科和勒陵格勒，不僅演講也實地參觀工廠和農場實際作

業人員交換意見。

　　同時韓國同樣重視一鄉鎮一特產運動，韓國正在積極推動
「新農林再造」運動。1990年2月受到盧泰愚總統邀請，到首爾
公務人員研修所講演，因爲韓國經濟集中於首爾與地域收益貧富
差距很大，盧總統對此運動能解決貧困問題的方法相當重視。電
視播出平松縣長的演講內容，韓國政府將它彙集出版一鄉鎮一特
產運動的韓文版，當做公務人員研修所的教科書，平松縣長深入
與研修人員交換意見。大分縣也派出婦女訪問團到韓國，教當地
婦女製造果汁的方法也學到當地製造韓國泡菜料理的方法，彼此
交流非常熱絡。中國與韓國推動一鄉鎮一特產目的不同，中國是
爲提高農村地域農民所得；韓國是爲地域再造培育領導人才。大
分縣地域與中、韓地域實情相符合，因此促進日、中、韓三國的
地方外交。

　　日本的一鄉鎮一特產運動從中、韓擴大到東南亞、歐、美廣
大地區，如此受到海外各國的喜愛確實出乎意料之外，使日本人
民眞正感受到「從地方到國際」外交運動的實力感。

　　1993年3月以重建經濟爲最大目的菲律賓羅慕斯總統特地前
來日本聽取一鄉鎮一特產運動，之前1992年菲律賓馬巴拉南方四
縣縣長集體曾經來大分縣考察，回國後向羅慕斯總統報告，感動
羅慕斯總統親自來日本參觀。1993年5月由平松守彥縣長等振興
地域領導者16人組成「菲律賓地域活化大分縣訪問團」。訪問菲
律賓考察中小企業和農村水產業並到處演講，同時與五州簽署友
好交流備忘錄，不僅特產品還包括人才交流。從此以後大分縣每
年接受來自菲律賓10名林業研修生農業考察團到大分縣進行交流
研習。菲律賓外交部長西亞遜秉承總統強力要求，建立日菲兩國

經濟互助的政策，後來西亞遜外交部長出任駐日大使更大力推動。1995年8月平松守彥縣長榮獲亞洲諾貝爾獎麥格塞塞獎。因推動世界知名的一鄉鎮一特產運動，對地域經濟自立自強和發展有重大貢獻獲獎。在領獎典禮致詞時平松守彥縣長強調；一鄉鎮一特產運動的首要在培育人才，更要考慮它的國際化，期盼從增加更多地方走向國際的人才。因為東南亞幾乎各國首都或大都市人口、產業、資訊都集中首都一統，各國領袖都想盡辦法要解決都市和地方收入所得差距。

菲律賓總統羅慕斯，馬來西亞總理馬哈地就任（1981年）發表演說「東方政策」開發地域的方法，相當注目大分縣的一鄉鎮一特產運動，1990年派駐日大使實地考察大分縣的一鄉鎮一特產運動。馬哈地總理後來派農業考察團到大分縣學習農會組織和農產供銷系統。馬哈地總理曾經非正式訪問大分縣並派產業考察團，中小企業青少年團數度訪問大分縣與大分縣地域居民建立深厚親善關係，產生良好成果。

日本與馬來西亞共同設立「大分人才育成中心」由馬來西亞人培育馬來西亞人才。馬哈地總理自1981年7月就任總理以後積極引進外匯，建立輸出導向型工業政策，達成經濟高度成長，他的政策得到多數國民的支持。可惜於1993年10月退任。之後，在日本大分縣別府市創立APU（立命館亞洲太平洋大學）與馬來西亞工科大學共同策定日本ODA建設的構想。

92歲的馬哈地前馬來西亞總理，2018年又重登馬國總理寶座，老驥伏櫪可見其遠見深受馬來西亞人民之擁戴。中國、韓國、菲律賓、馬來西亞等一鄉鎮一特產運動，形成在日本大分縣別府市共同舉辦「亞洲九州地域交流論壇」，持續廣大影響印

尼、泰國、寮國、柬甫寨、蒙古、越南等亞洲各國紛紛響應。

　　大分縣和蒙古共和國運用日本JICA事業計畫簽署國際合作事業計畫、日本協助蒙古建立一鄉鎮一特產運動組織，並協助培育地域領導人才。2004年4月利用蒙古溫泉熱度建設玻璃溫室，栽培番茄和胡瓜（黃瓜）等蔬菜。畜牧業是蒙古主要產業，但，最近蔬菜生產大量進入蒙古人食品生活，原有的蔬菜都從中國輸入，現在日本協助在蒙古包內溫室栽培水耕蔬菜大量生產，利用大分縣一鄉鎮一特產運動的成功經驗，協助蒙古人栽培蔬菜技術指導，在野外栽培蔬菜和利用玻璃溫室栽培，增加產量改變蒙古肉食族進入有機健康蔬菜食品的生活方式，對蒙古人延年益壽確實有正面效果。因蒙古冬天零下30度，大分縣派出技術指導者做玻璃溫室管理生產，改變了蒙古農業生產方式。另外，大分縣協助蒙古人釀製燒酒、製造陶器等，深受蒙古青年的喜愛。

　　歐洲的法國物產、人才、經濟集中於首都巴黎，而法國南部開發落後，當地縣議員邀請平松守彥縣長前往演講並進行文化交流，指導一鄉鎮一特產推動方法。

　　其次，英國柴契爾首相派外交部長於1988到大分縣考察，他說：「東京並非日本，想看看地方。」然後到大分縣湯布院鎮考察三天並住入農家，在佛壇坐禪，與農民席地而坐熱心學習一鄉鎮一特產運動，更促成英國高中職校和日本大分縣舞鶴高中學校交流，同時實施企業商貿交流。

第三節 創辦APU立命館亞洲太平洋大學開發大分縣地域力促進國際化

　　APU（立命館亞洲太平洋大學）初期畢業生，來自世界各國的青年。立命館亞洲太平洋大學創立於2000年4月時，僅有亞洲太平洋經營農業學系和亞洲太平洋學系這兩個學系，採4年制1學年招收800人，各國留學生和日本學生各占一半。教授群也各占二分之一，以日語、英語授課，也設立研究所，完全以英語授課，普遍對日本學生授日語課，但因歐美的大學流行全英文上課，學生不一定先學日語都可以入學。來日留學初期只有20國，現在增加至74國，來自不同地域的1,797人（2004年9月），各國留學生都很優秀，加上日本籍學生已經超過4,140人。外國留學生畢業後多數在日本商社、汽車公司、銀行、國際廣告社等就業，雖有人回國就業，但都成為大分縣和各國交流的橋樑，積極活躍。特別是亞洲的菲律賓，因平松守彥縣長於1995年獲得菲律賓亞洲諾貝爾獎麥格塞塞獎，他將獎金捐獻給立命館亞洲太平洋大學設立國際大學建設基金，培育以「亞洲做舞台，活躍世界級人才」，當做立命館亞洲太平洋大學100年校慶紀念事業大獎，成為國際級新大學的遠大目標。當初該大學設立時，大分縣別府市政府無償提供45公頃校地，大分縣政府捐資150億日圓建校經費，營運全部由大學自行負責，完成了新世界公民合作體制的新

國際大學。

1987年美國德州和魯易斯安那州、加州的洛杉磯開始和大分縣交流，魯易斯安那州長洛馬推動「一地區一特產運動」洛杉磯市主辦美日一鄉鎮一特產的研修大會，促成民間地方外交活動。

非洲的肯亞、馬拉威、敘利亞、南美洲的牙買加、古巴、阿根廷、中南美洲各國都強烈推動一鄉鎮一特產運動。大分縣大力推動地方外交地域交流，將技術輸出一鄉鎮一特產的專利給各國利用不求回報，但各國派來大分縣考察地域團體不斷增加，擴大大分縣農產品銷售亞、非、南美洲市場的機會。

地方外交原則不單是友好親善，更是促進「互相理解」、「互利互惠」彼此加分，否則不可能長久。例如：大分縣派婦女團體到美國加州學習，而加州派婦女到日本不僅學習大分縣農業，而且與日本婦女互相學習經營農業，兩國婦女用心互相學習的態度非常成功。因為各國的傳統文化和歷史不同，想法當然不一樣，互相了解對方的不同，在異中求同互相尊重。相信國家間的摩擦，經過體育、文化、農業、觀光等地域間的交流，國與國間的地域活化、友好、和平必能產生正面效益。

APU創校理念，將平松守彥縣長的理念「連結亞洲人民心連心的大學」融入。當時大分縣議會反對提供龐大經費給私立大學。但因可為別府市帶來3,000人消費人口，並居住在別府市區。同時設立獎學金，吸引5-10萬國際留日學生的魅力。所以APU向日本外交部申請ODA（政府開發援助）援助獎學金。1995年外交部擁有總金額2兆日圓獎學金，其中教育科學部可分配到400億日圓。

申請獎學金理由是日本為外國建水庫也好，自己設大學引來

外國更多留日學生亦好。但兩者比較來日留學生學成回國成爲親日人士，將來對日本的貢獻不是金錢可以買到的，才好不容易得到ODA1%獎學金補助。

因此，平松守彥縣長拜訪東芝、索尼、奇能等大企業遊說：「請錄用立命館亞洲太平洋大學畢業生，做投資亞洲工廠的中堅管理員，尤其，他們了解日本現況，一舉兩得。」一年之間大企業捐了500萬日圓給立命館亞洲太平洋大學設立獎學金，大企業連續捐了三年共1500萬日圓。

雖然如此解決獎學金問題，仍然有不斷的困難問題發生，所以平松守彥縣長特別拜訪當時日本的經團連（全日本商業總會長）會長平岩外四（當時的東京電力社長）。他竟然默默聽了平松縣長的報告後表示：「亞洲來日的留學生不斷增加這是國家的大事，如果政府不支援，經連團來募款支援。」平岩外四會長邀集各社企業領導人，包括：東京、關西、九州成立立命館亞洲太平洋大學支援團等大財團企業群，讓多數留學生畢業後都留在日本這些大企業就業。

教育科學部表示：「每年招募400位留學生，日本沒有一所大學能做到。」立命館亞洲太平洋大學立刻成立中國和韓國招生事務所，透過國際網路進行招生。平松守彥縣長運用一鄉鎮一特產運動，從地方外交交流的上海市長汪道涵，馬來西亞首相馬哈地，菲律賓總統羅慕斯等，向各國各地領首一一拜託並請他們指導支持，很快獲得各該國駐日大使的讚同協助招生，結果讓日本教育科學部大吃一驚，立命館亞洲太平洋大學的國際留學生的招生能力，令人刮目相看。

立命館亞洲太平洋大學課程採日、英雙語授課，全日本每年

申請入學學生多達664人僅錄取80人。立命館亞洲太平洋大學的特色即是透過地域交流，與大分縣各鄉鎮市簽署合作協議，經過各地從兒童開始學習雙語，加強文化交流。2004年成立亞洲聯盟大開別府市門戶，主辦國際馬拉松賽事，國際留學也以義工身分參加。促成日、韓合辦足球大賽發揮很大的功能。讓大分縣當地居民體驗了國際親善的活動。透過足球大賽讓世界認識「日本是最優美的地球村」，更加深日、韓全面交流。大分縣成為日本向世界發聲的舞台，從地方開始也能以足球大賽向世界提供資訊，把人口僅1300人的中津江村變成全國出名的地方，因為它是日、韓合作主辦的世界足球大賽賽場。

別府市、中津江村的旅館、民宿全滿席，只好開放大分縣體育館免費提供各國選手住宿，其中墨西哥50位選手全員住進體育館。繁華的商店街成為不夜城，滿滿人潮，帶來滿滿錢潮。大分縣民像做夢一樣，感動的流下歡喜的眼淚。大分縣地城為推銷特產，紛紛成立「親善協會」、「歡笑協會」來接待各國選手和觀光客，並發表大分W杯宣言：

1. 繼承W杯網路發展，創造明天的大分。
2. 擴大世界視野，建立國際觀光基地，創造OITA。
3. 活用W杯世界共同語言連結體育，全心全力創造快樂的地域。

以體育連結世界的輪椅馬拉松大會。於1981年2月1日大分縣實踐「聯合國身障者紀念事業」，舉辦了「國際輪椅馬拉松大會」共有13個國家117人參加，勇敢的推動全日本「身障者體育運動」。因此，在別府市為設立醫學復健、職業復健，支援復健職業自立自強的「太陽之家」。1981年日本第一次主辦「身障者

運動大會」的體育國際交流，大分縣不僅提供身障者國際交流舞台，更給與健康者生存的勇氣。立命館亞洲太平洋大學留學生和大分縣鄰近留日學生都加入活動行列，擔任翻譯導遊。

　　從歐盟（EU）而言，是一大地域經濟整合成功的先例，如果亞洲能成立亞盟（AU），必能將亞洲地域經濟整合成為巨大的環東中國海經濟聯盟，因為「21世紀是亞洲的世紀」。1990年代台灣和韓國晉升為經濟高度成長的國家，新加坡國民平均所得都超過6萬美元，超過英國國民所得。東亞國家的GNP將來可能超過EU，超越美國也有可能。AU將來走近ASEAN（東協）亞洲第一的APCE（亞洲太平洋經濟合作會議）不僅地域規模大，而且地域水準高。馬來西亞總理馬哈地非常贊成，需要時間去創造，那是世界經濟發展的使命。日本首相小泉純一郎提議設立50億日圓做「亞洲投資基金」的構想，透過東亞各國地域間交流培育人才，推動開發地域特產，繼續開發觀光事業，是亞洲各國發展OTOP產業大好未來。

第三章
日本地域產業
發展新趨勢
——地方創生

　　我國爲因應總人口數減少、高齡化、少子化、人口過度集中大都會以及城鄉發展失衡等問題，開始思索對應措施。2017年12月行政院宣示三大施政主軸，分別是：「安居樂業」、「生生不息」、「均衡台灣」；其中特別是在「均衡台灣」方面，期望能根據地方特色來發展地方產業，讓青年返鄉、人口回流以解決人口問題，推動「地方創生」政策。同時，行政院邀集各方學者專家成立「行政院地方創生會報」，自2018年5月21日開始陸續召開會議，責令國發會提出「地方創生國家戰略計畫」，並宣布2019年爲台灣地方創生元年，全面展開地方創生相關工作。（行政院，2018）

　　但是，「地方創生」這個名詞並非每個人都很熟悉；「地方創生」一詞源自於日本，2014年安倍晉三內閣提出的政策，目的在於解決日本社會人口結構變化的困境，包括高齡少子化造成勞動力人口減少、人口集中都會區衍生嚴重的城鄉差距、地方缺乏人力導致經濟孱弱。我國行政院參考審酌後遂訂定台灣版的「地方創生」政策。然而，究竟這樣的移植轉入本土化的政策台灣應如何仔細推動，有必要深入了解日本地域產業發展的沿革與邏輯，以求時時校準、運作順暢。

　　以下共分三節，第一節1970年代大分縣平松守彥縣長的一村一品運動，第二節第六級產業化理論的發展與應用，第三節日本地域產業「地方創生」新趨勢，最後提出未來應重視之發展課題。

一、日本大分縣的一村一品運動

　　有關大分縣前縣長平松守彥個人學經歷背景及其崛起過程，第二章已有仔細敘述，此處不再贅言。平松守彥縣長所推動的一村一品（One Village One Product，簡稱OVOP）運動，在於因應1970年代石油危機，加上大分縣位列日本過疏地域第一這樣的時空背景下應運而生。所謂過疏地域，指的是根據日本1975年過疏地域振興特別措置法[1]進行的分類，而地方人口流出將導致人口過低，地方稅收大減下無法妥善照顧縣民，人口將再度流出，產生惡性循環。於是平松守彥縣長提倡一村一品運動，鼓勵大分縣內各市町村（相當於我國的鄉鎮市）應結合當地特色，發展具有區隔性的手工藝、食品特產，甚至觀光或民謠歌曲等都可以為地方打造亮點形象以活絡地方經濟。

　　根據大分縣地域經濟情報中心出版的資料顯示，所謂的一村

---

[1] 「過疏地域振興特別措置法」，實施期間為1980年至1989年，現在已經廢止。所謂的「過疏」，相當於過疏或過少的意思，由於該地域人口減少，無法維持當地原有的生活水準與功能，符合該狀態之地域為「過疏地域」。現行的法規為2000年制訂的「過疏地域自立促進特別措置法」（平成12年法律第15号），將「人口減少率」與「財政力指數」當作判斷是否為人口過少的地區。

一品運動，指的是：「大分縣轄下58個市町村應開發出代表該地方形象之亮點產品，且該產品要能夠得到全國市場肯定，藉此振興地域產業，創造就業機會，讓年輕人能夠在本縣落戶扎根。」此後，陸續再發展出「故鄉建設運動（ふるさと作り運動）」、「縣產品愛用運動」、以及當時大山町及湯布院町發動的「村落復興運動（ムラおこし運動）」。

二、大分縣一村一品運動的績效

日本大分縣的一村一品運動，從1979年平松縣長上任開始，一直持續到2003年卸任，前後整整發展了24年。學者整理出該運動的運作績效，在1999年營業額曾經高達1,416億日幣，而單一產品年營業額超過10億日圓的就有19種品項，成果斐然。詳細請參考表1、表2。

表1　一村一品運動特產品營業額及品項數目的變化							
	1980年	1985年	1990年	1996年	1997年	1998年	1999年
營業額（百萬日圓）	35,863	73,359	117,745	130,827	137,270	136,288	141,602
產品數（品項）	143	247	272	295	306	312	319
各品項依據營業額分類　1億日圓以下	74	148	136	169	170	173	187
1億日圓以上	69	99	136	126	136	139	132
1-3億日圓	34	53	68	60	68	79	70
3-5億日圓	16	14	21	31	30	24	28
5-10億日圓	15	17	27	20	21	18	15
10億日圓以上	4	15	20	15	17	18	19

資料來源：平松守彥《地方自立への政策と戰略》（P.62）；（城戶宏史，2016）

表2　1999年度一村一品運動主要特產品（年營業額一億日圓以上）

地方自治體	品項	地方自治體	品項
豐後高田市	白蔥、豐厚牛	米水津町	魚乾、豐活（豐の活ぶり）
國見町	冷凍加工蔬菜	蒲江町	比目魚、豐活（豐の活ぶり）
別府市	竹藝工藝品	野津町	菸葉
杵築市	蜜橘	日田市	梨、牛奶
日出町	大分麥燒酒二階堂	大山町	筍
大分市	大葉	耶馬溪町	破碎機
佐伯市	豐活（豐の活ぶり）	宇佐町	麥燒酒草莓
鶴見町	活魚		

資料來源：平松守彥《地方自立への政策と戰略》（P.62）；（城戶宏史，2016）

三、大分縣一村一品運動的成功關鍵

　　平松守彥縣長認為這種從地方自主發起的一村一品運動之所以成功，可以歸納為以下三大原則。第一，從地方到全球。所謂從地方到全球，指的是將日本大分縣這樣小地方的產品力求精緻化，讓該產品特有的文化底蘊及風味能夠得到國際消費者的肯定。第二，自立自主加上創意功夫。要徹底深入了解地域所具有的潛能，將之活用產業化並自行承擔風險，不要一味依賴政府撥付的補助款；行政機關只要確實提供其研究開發及行銷等管道，從旁輔助即可。第三，培養人才。所謂的一村一品運動，不僅是開發地方上的亮點產品，更要同時培養人才；倘若各市町村缺乏具有前瞻性眼光的領導人，無法成就一村一品運動的輝煌。培養

能夠挑戰當前困境、從事意識改革、創造力盎然的人才，極為緊要。

　　值得注意的是，根據學者研究也觀察到平松守彥縣長推動的一村一品運動，當初似乎比較傾向發展「1.5級產業」；換言之，就是將第一級產業產品進行加工，提高附加價值，創造地域特性與特色，藉此來擴大地域雇用、就業的機會。與後來的第六級產業化理論，略有差異。（城戶宏史，2016）

四、大分縣一村一品運動的全球化

　　其後，平松守彥縣長推動的一村一品運動引起各界矚目，美國、英國、中國、東南亞都紛紛派出觀察團到日本取經學習，可說是風行全球；我國同樣參考該運動，提出類似的概念：一鄉鎮一特產（One Town One Product，簡稱OTOP），以鄉鎮市為主，鼓勵發展具有歷史性、文化性、獨特性等特色產品，包括加工食品、文化工藝、創意生活、在地美食、休憩服務及節慶民俗等六大類；例如鶯歌陶瓷、新竹玻璃、大溪豆乾、魚池紅茶等特色產品。（經濟部中小企業處，2020）

一、第六級產業化理論的提出

相對於大分縣一村一品運動，東京大學今村奈良臣名譽教授觀察到日本第一級產業的農業凋零，不僅影響相關加工業、服務業者的生存，甚至引發糧食自給率過低、地方鄉村破落、城鄉差距等問題，1999年提出「第六級產業化理論」。所謂的第六級產業化，指的是以第一級產業農業為主軸，延長農業生產的產業鏈，結合第二級製造加工業、第三級產業銷售服務，農家除生產農產品外，再從事農產品加工製造，甚至包辦銷售、物流與流通。發展模式為：1＋2＋3＝6。

其後，今村奈良臣教授更強調，第六級產業化的發展必須重視第一級產業，農林漁業應為主要關鍵，再與第二級、第三級產業結合發展為六級產業；倘若沒有第一級產業的存在，其他產業無以為繼。新的發展模式則修正為：1×2×3＝6；0×2×3＝0。具體而言，相當於茶農種植茶葉、自辦茶廠製茶、自創品牌後銷售，甚至開辦觀光茶園，採取一條龍式的經營模式；若沒有茶農細心種植茶樹、摘採茶葉，遑論後續的製茶、銷售或觀光等發展。

二、第六級產業化理論轉化爲政策

這樣的理論建構在日本國內引發熱議，獲得許多專家學者的肯定。2007年日本推動「地方再生戰略」，2008年雷曼兄弟金融風暴下，先行制定「農工商合作促進法」[2]，推動農、工、商業者跨域合作；2010年日本宣布新的「食料、農業、農村基本計畫」，正式將第六級產業化納入施政重點，同時制定「農林漁業者活用地域資源新創事業及農林漁業產品利用促進法」[3]（簡稱第六級產業化及地產地消法）。

學者回顧日本推出的各項地域振興政策，整理出以下的見解：2000年代前半主要奉行的是產業群聚論，2000年代後半制定「農工商合作促進法」，針對中小企業及小規模區域推動地域活化政策；2009年民主黨執政後將第六級產業化理論納入，制定「第六級產業化及地產地消法」，由農業部門主導推動經濟活動的多角化經營。即便2012年自民黨再次執政仍舊延續這樣的政策走向。詳細請參考表3。（櫻井清一，2015）

表3　日本地域活性化政策的發展沿革	
年度	地域活性化政策
2001	經濟產業省推動產業群聚計畫
2002	文部科學省推動知識產業群聚計畫

---

2 「中小企業者と農林漁者との連攜による事業活動の促進に関する法律」（平成20年法律第38号）。詳細內容請參考《日本中小企業經營管理》（許文志、張李曉娟，2014），P245-249。

3 「地域資源を活用した農林漁業者等による新事業の創出等及び地域の農林水産物の利用促進に関する法律」（平成22年法律第67号）。

年度	地域活性化政策
2005	農林水產省推動食料產業群聚事業計畫
2007	參議院選舉，自民黨敗選；公布地方再生戰略
2008	制定農商工合作促進法，開始推展相關事業活動
2009	眾議院選舉，民主黨勝選；政權交替
2011	實施第六級產業化及地產地消法，開始推展相關事業活動
2012	眾議院選舉，自民黨勝選；再次政權交替
2014	安倍內閣制定地方創生相關法規

資料來源：櫻井清一《6次產業化政策の課題》（P.25）（2015）

三、第六級產業化及地產地消法主要內容

　　該法主要有三章五十個條文，內容相當精簡。在前文與第一章總則，強調推動第六級產業化、地產地消，是爲確保農林漁業者所得、振興農林漁業、增進消費者利益，同時有助於提高國內糧食自給率、降低環境的負荷。第二章農林漁業者活用地域資源新創事業，訂定「綜合化事業計畫」提供相關業者申請；也就是有意朝向六級產業化、多角化經營的業者，經由六級產業化輔導員協助下提出經營計畫書提交給農政局。計畫期程以五年爲原則，申請者可以是農林漁業者或商工業者等事業單位。審查標準有二，計畫期間的營業額至少提高5%，營業額應有盈餘不能赤字；審查通過的案件，能夠獲得相關補助、放寬融資條件、運用基金以及農地轉用手續簡便化等優惠措施，而六級產業化輔導員也是新訂定的制度，各縣設置有支援中心，登錄有輔導員名冊；這個屬於軟體面的新輔導措施，受到各界注目。

　　第三章促進農林漁業產品之利用，目的在於推動地產地消，但內容較爲抽象，包括要求國家或地方自治體建置相關基礎設施、輔導直賣所進行地產地消的直銷活動、同時鼓勵學校及食品相關業者在學校供餐作業推動地產地消的原則。所謂的地產地消，指的是當地生產、當地消費的概念，不僅可以縮短從田間到餐桌的距離，更能夠降低產品流通的人力物力，有助於減少能源耗損及減輕對環境的負擔，節約運銷成本而提高農家的收益。有關第六級產業化及地產地消法整體之概要，請參考圖1。都道府縣的六級產業化推動體系，請參考圖2；市町村的六級產業化推動體系，請參考圖3。

四、第六級產業化實施概況

　　根據農林水產省食料產業局統計資料顯示，截至2020年1月爲止「綜合化事業計畫」通過案件約2,500件，其中以農牧產物相關案件較多，水產、林產次之；前五名的都道府縣分別是北海道、兵庫縣、宮崎縣、長野縣、熊本縣，而事業內容以加工直銷最多，占68.8%，農林水產物的品項以蔬菜類比例最高，占31.4%，其次是果樹（18.5%）、畜產（12.5%）、稻米（11.7%）。

　　每一事業計畫通過的業者，在計畫期程內的營業額平均達9,000萬日圓，與當初申請前營業額相較下，高達八成業者的營業額有明顯增加；就業機會提供方面，每一業者平均雇用人數爲14人。至於六級產業化輔導員的配置，2019年都道府縣支援中心登錄人數1,053人，中央支援中心231人。派遣協助件數都道府縣支援中心6,781件，中央支援中心1,793件，以協助新商品拓展銷

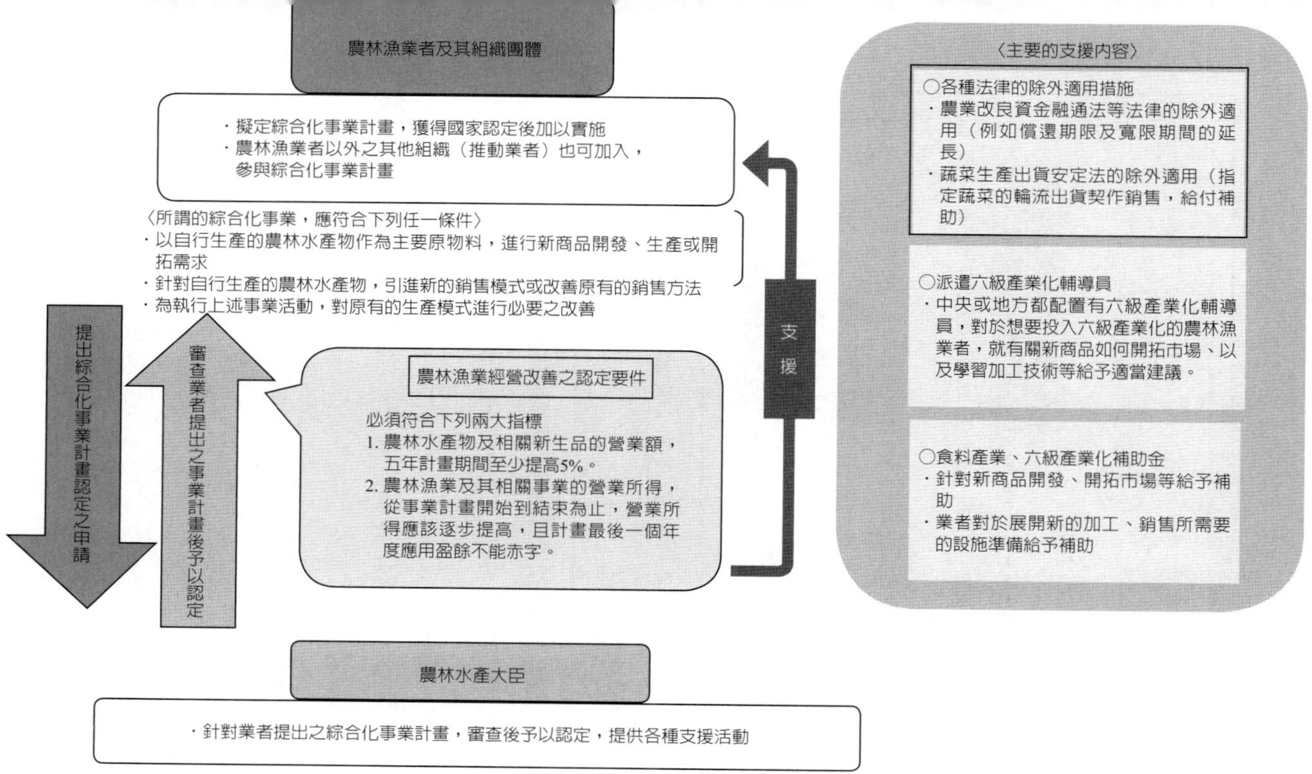

圖1　日本第六級產業化及地產地消法概要

資料來源：農林水產業省食料產業局（2020）

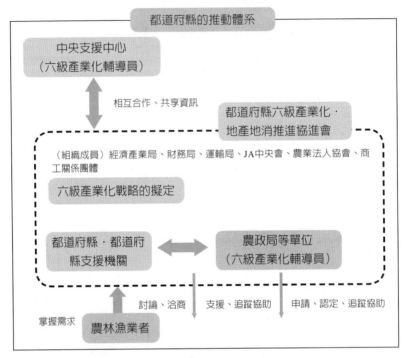

圖2　日本都道府縣的六級產業化推動體系

資料來源：農林水產業省食料產業局（2020）

路、規劃新商品、品牌化等諮詢爲主。（農林水產省食料產業局，2020）

　　業者提出的事業計畫內容各有千秋，茲將具代表性者簡單列表如下。

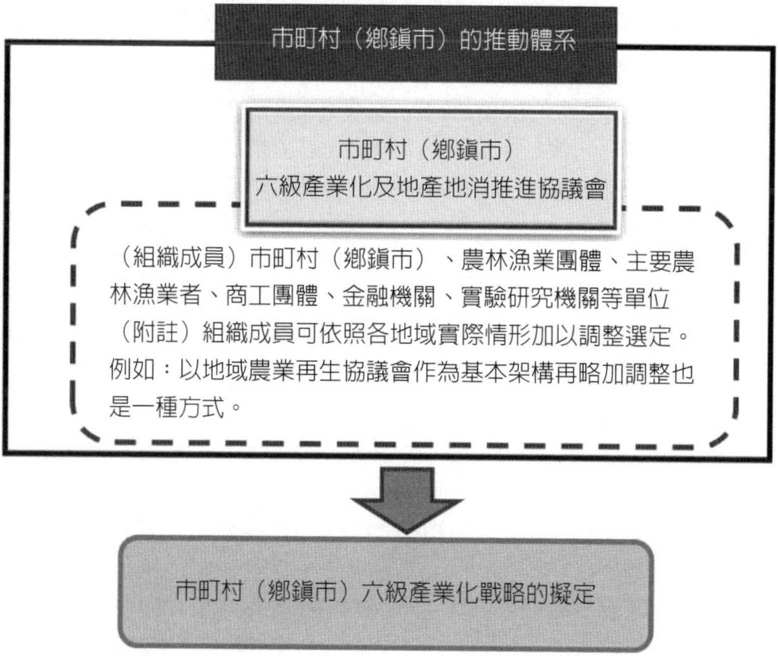

市町村（鄉鎮市）的推動體系

市町村（鄉鎮市）
六級產業化及地產地消推進協議會

（組織成員）市町村（鄉鎮市）、農林漁業團體、主要農林漁業者、商工團體、金融機關、實驗研究機關等單位
（附註）組織成員可依照各地域實際情形加以調整選定。
例如：以地域農業再生協議會作為基本架構再略加調整也是一種方式。

市町村（鄉鎮市）六級產業化戰略的擬定

〈甚麼是市町村戰略〉
· 所謂的「市町村戰略」，是指各市町村依據該地域的農林水產業及六級產業化所面臨的現狀、課題、農林水產物的加工、直銷、出口、提供學校等機關團體營養午餐、以及醫療福利食農合作、再生能源等等地域上的實際情況，擬定各個領域的六級產業化推動方針，並設定未來（約為期五年）的銷售目標等之戰略內容。

圖3　日本市町村的六級產業化推動體系

資料來源：農林水產業省食料產業局（2020）

	表4　日本第六級產業化發展案例			
類型	業者概況	通過時間	事業內容	執行成效
個別農林漁業者	池多農場有限公司 地點：富山縣富山市 內容：使用自產牛肉，開始製作銷售生火腿加工肉品，出口至德國。	2014年2月	希望能夠將牛肉直接販售給消費者，同時了解消費者給的評價，2005年開始設置直銷部門與加工部門，開始製作並銷售香腸等加工肉品，出口至德國。	營業額： 1億6,700萬日圓（2012）→1億9,600萬日圓（2017） 雇用人數： 7人（2012）→8人（2017） 在德國銷售的火腿、香腸參賽，榮獲金牌獎。
	鹿渡島定製股份有限公司 地點：石川縣七尾市 內容：活用可維持漁貨鮮度的尖端技術，直接將漁貨銷售給消費者，同時也兼營乾貨加工。	2013年5月	為解決年年漁價慘跌問題，運用可維持漁貨鮮度的尖端技術，以提高附加價值並擴大銷售通路。2011年將捕撈漁獲自行加工，朝六級產業化發展；2012年擴大開辦魚工房，整合加工設施與銷售設施。	營業額： 1億2,000萬日圓（2012）→1億2,200萬日圓（2016） 雇用人數： 16人（2012）→19人（2017）
	蛋雞有限公司（ひよこカンパニー） 地點：鳥取縣八頭町 內容：將放養雞的雞蛋及加工後的甜品，	2012年2月	對大規模雞農採取的籠養方式疑慮，改以放養方式養雞，收成的雞蛋加以品牌化。提供晨間雞蛋給郵購消費者，後開設咖啡店以增進產品訴求力	營業額： 2017年營業額是開辦前2011年的2.6倍 雇用人數（含兼職人員）： 30人（2008）→158人（2017）

類型	業者概況	通過時間	事業內容	執行成效
	銷售給直營咖啡店或甜品店,並提供郵購。開設農家餐廳,提供地產地消菜單。		道。近來更開辦農家餐廳提供專業雞蛋料理。	飼養蛋雞數: 2.7萬隻(2011) →4萬隻(2017) 來客數: 5萬人(2011) →28萬人(2017)
農業團體與農林漁業者合作	馬路村農業協同組合 地點:高知縣馬路村 內容:將無法完銷的生鮮柚子,加工製作成果汁、柚子醋或醬油加以販賣。	2014年10月	當地消費者很少購買外型賣相較差的柚子,決定開發柚子加工品並開發新的銷售市場,讓不喝柚子汁的消費者能夠嘗鮮。同時以農業地域品牌化與觀光結合加以推動。	營業額: 1億日圓(1989) →30億日圓(2014) 雇用人數: 19人(1989) →92人(2017) 柚子產量: 204萬噸(1989) →800萬噸(2017) 地域活化(溫泉住宿來客數): 約6,400人(1989) →約7,000人(2017) 農協以高於市價價格收購柚子,加工品銷售獲利給付還原給各農家
海外出口	綠色葉子股份有限公司 (グリンリーフ) 地點:群馬縣昭和村	2011年5月	生產少見的有機蒟蒻芋頭及蔬菜,開始從事加工與銷售。國外商家有意引進該公司產品,基於相互默契,開	營業額: 6億4,700萬日圓(2010)→9億1,500萬日圓(2017) 雇用人數(含兼

類型	業者概況	通過時間	事業內容	執行成效
	內容：利用有機的蒟蒻芋頭、蔬菜，製作並銷售蒟蒻及冷凍蔬菜。發展蒟蒻產品出口作業。		始著手出口銷售業務。	職人員）：59人（2011）→105人（2017）種植面積：980公頃（2011）→2,000公頃（2017）出口概況：出口國EU
農業、觀光合作	農業生產法人（股）今歸仁座間味農場（今帰仁ざまみファーム）地點：沖繩縣今帰仁村內容：運用萱草的功效，製作甜品。同時，規劃摘採觀光旅遊行程配合銷售。	2012年6月	栽種沖繩縣傳統野菜的萱草，它的莖葉可以入菜外，據說還具有改善睡眠的功效；因此製造乾燥葉片（第一級加工品），透過經銷業者銷售給製藥公司。	營業額：1,500萬日圓（2011）→9億3,280萬日圓（2017）雇用人數（含兼職人員）：3人（2011）→6人（2017）種植面積：165 公頃（2011）→178公頃（2017）
活用六級產業化輔導員	藍莓農場有限公司（ベリファーム有限公司）地點：北海道千歲市內容：使用有機栽培的藍莓	2012年5月	2006年加入農業行列成為新農，栽種有機藍莓。2011年發展觀光果園並進行直銷。由於藍莓對健康有益廣受消費者歡迎，但有感於以鮮果銷售有其	來客數：每年約8萬人雇用人數（含兼職人員）：8人（2011）→43人（2017）種植面積：1.62 公頃（2011）

類型	業者概況	通過時間	事業內容	執行成效
	製作義式冰淇淋；田間設置商店提供冰品，也發展成觀光果園。		界限，開始摸索如何提高其附加價值，於是創意發想以藍莓製作義式冰淇淋。	→3公頃（2017） 1,620棵（2011） →3，000棵（2017）

資料來源：上原啓一《農林漁業の6次產業化に関する政策の現状と課題》（2019）

第三節　日本地域產業發展新趨勢——地方創生

一、「地方創生」擬定的背景

前述提及，2014年安倍晉三內閣提出「地方創生」政策，目的在於解決日本社會人口結構變化的困境，包括高齡化少子化造成勞動力人口減少、人口集中都會區衍生嚴重的城鄉差距、地方缺乏人力而致經濟趨弱。特別是該年度增田寬也出版《地方消滅》一書，不僅驚動日本輿論引起話題，學界也議論紛紛、進而促發政策擬定。

增田寬也本人歷任岩手縣縣長與總務大臣等重要政治職位，也是野村總合研究所的顧問，更在大學擔任客座教授，產官學界的經歷相當豐富；他擔任「日本創成會議」下「人口減少問題檢討分科會」的會議主席，提出一份〈停止少子化、地方元氣戰略〉的報告書。該會議由日本政府的重要智庫「日本生產性本部」在311大震災後設置，邀請各界有識者共同研擬日本未來發展策略。

該報告書經過若干增刪後出版，書中根據特定人口數據（20至39歲女性之人口減少率）條列出900個可能消滅的日本鄉鎮市，造成日本人對未來故鄉或居住地是否消失感到極度焦慮，學界稱之為地方消滅論。而這樣的思維似乎與1975年過疏地域振興

特別措置法的時代背景有些雷同。

二、「地方創生」政策的主要內容

2014年安倍內閣提出「地方創生」政策，制定地方創生相關法規，也就是「城鎮、人、工作創生法」[4]（簡稱地方創生法），鎖定地域復甦、人口增加及創造就業。根據該法規，內閣制定「城鎮、人、工作創生長期願景」、「城鎮、人、工作創生綜合戰略」，以後逐年滾動修正；2014年至2019年五年期間為第一期，2019年更決定結合地方公共團體以期深化地方創生的力道，2020年開始至2024年為第二期，定期進行檢驗。

該政策針對人口銳減、超高齡化發展，日本推動各地域活化措施以求社會復甦。設定有四大目標，1.創造工作：建設讓人民得以安心工作賺錢的地域。2.改變人流：架接地方以形成新的地方人口移入潮。3.實現結婚、生子、育兒的願望。4.創造生活安穩的城鎮：建設人口集中安心生活的魅力地域。橫向目標則是「培養出類拔萃人才」、「將新時代潮流轉化為助力」。詳細請參考圖4。

地方創生法共四章，僅20個條文。第一章總則敘明法律制定目的及理念，第二章規範由國家擬定地方創生綜合戰略，第三章是都道府縣及市町村的地方創生綜合戰略，第四章則是地方創生本部的創設。內閣制定之「城鎮、人、工作創生綜合戰略」，針對「創造工作」此一目標設定未來的KPI指標，也就是透過農林

---

[4]　「まち・ひと・しごと創生法」（平成26年法律第136号），簡稱地方創生法。

圖4　日本地方創生政策四大目標（面向）

資料來源：國發會。

水產業成長產業化，訂定2020年第六級產業化市場產值應達到10兆日圓並創造5萬個新的就業機會。（石破茂，2014）

　　地方創生的特徵在於著眼「地域資源」，鼓勵將過去沒有特色的地域重新審視後，發現新的內涵，例如：觀光資源未曾被開發之處再次檢討審視，提出新的觀光產業振興策略，或運用當地特有的農林水產物發展第六級產業化。學者認為這些內容其實並不新鮮，過去都曾經實施過；即便如此，就鼓勵農林水產業、觀光業、或第一級產業的六級產業化，對地方來說這些都是創造收益的基礎產業，就方向性而言，值得肯定。（城戶宏史，2016）

三、一村一品運動與地方創生的異同

　　對照前述的1979年大分縣平松守彥縣長提倡的一村一品運動，與2014年安倍內閣倡議的地方創生兩者之間有微妙的關係。首先，兩者似乎都受到地方人口銳減、城鄉差距的影響，但對於

如何增加人口，前者鼓勵年輕人在地域產業發展下能夠落戶紮根，後者則著眼於外來人口的移入，例如從東京遷移至地方入住。

就發展地域經濟方面，兩者都重視地域資源的開發，前者所籌劃的傾向於產品加工、增加附加價值，發展1.5級產業化，而後者則以今村奈良臣教授主張的第六級產業化理論為根基，推動1×2×3＝6，第一級、第二級、第三級相互結合的第六級產業化。在人才培育上，前者以培育地方優秀人才為主，特別重視在地優秀領導人才的養成；後者則傾向從外部引進人才。地域行銷方面，前者由各縣輔導協助；後者則由內閣主導，建構新的事業推動主體。詳細請參考表5。

表5　日本一村一品運動與地方創生之比較

	一村一品運動	地方創生
背景	地方人口銳減	地方消滅問題、人口過度集中於東京等都會區
人口增加的對策	年輕人落戶定居	人口移入（例如從東京搬遷至地方）
人口動態的對策	無	有（論及生育、育兒等支援）
地域資源的對策	有	有
第一級產品附加價值戰略	1.5級產業化	第6級產業化
人才的對策	開發、培育地域上優秀人才	從外部引進人才並加以活用
地域行銷的看法	各縣協助輔導	建構新的事業推動主體

資料來源：城戶宏史，2016。

四、第六級產業化與地方創生的未來課題

根據眾議院行政監視委員會調查室的報告顯示，當前推動的第六級產業化面臨幾個課題必須審慎思考。本文列舉其中二大問題。第一，有關政策目標KPI的達成狀況。當初設定未來六級產業化的市場規模在2020年度應達到10兆日圓，但是實際檢視的結果發現，2013年度市場規模是4.7兆日圓，2016年雖增加到6.3兆日圓也就是三年內增加1.6兆日圓，相當於34%。所以，2020年度要達到10兆日圓的目標，總務省明白坦承有其困難。

第二，有關六級產業化事業內容的多角性發展。根據農林水產省在2019年5月公布的調查結果顯示，農漁業生產相關事業的年度銷售金額為2兆3,315億日圓，其中農漁產品加工部分占1兆1,157億日圓，直銷所占1兆1,165億日圓，可見其事業內容欠缺多元性發展，未來該如何協助業者增加其經營面向的廣度與深度，農林水產省應提出對應措施。（上原啓一，2019）

在地方創生方面，2017年木下齊以投資業者的身分，出書發表他的鄉民觀點。他發現成功的地方創生案例顯示，單憑政策無法挽救凋零的鄉鎮，就算是祭出補助金、吉祥物、節慶活動，短暫的熱鬧過後地方還是一片沉寂，於是他倡議民間推動更講求效率的「地方創生」模式。首先，他點出中央撥付地方的補助款就像吸毒一樣，各地方為爭取補助而將精力花在根本不會賺錢的枝末小節上。

其次，地方創生的指標應重視人口平均所得是否增加，而非針對人口成長數字而錙銖必較。最後也是最重要的是，當初所評估的地域資源是否切中主題並妥善運用？他以法國香檳地區農村為例，當地人口數僅23,000人，但精準選定葡萄為其地域產業亮

點，而且從種植、採集、榨汁、釀製整個產業鏈相當完整，該區的人口平均所得位居全國第一；所以重點在於地方產業是否正確運用地域資源，在地人有沒有辦法靠該產業工作維持溫飽，進而安穩生活、落地紮根更為緊要。（木下齊，2016）

綜上所述，我國行政院參考日本相關措施，訂定台灣版的「地方創生」政策；而日本地方創生政策與1979年大分縣平松守彥縣長倡導的一村一品運動頗為雷同。筆者認為，這樣的移植轉入本土化的政策，就方向性而言確實值得肯定，惟如何確切落實由下而上的計畫擬定極為重要。各地方應針對地域資源做精準探討、並從企業經營角度考量各計畫制度長期發展可能，推出消費者能夠認同的商品或服務，同時調整依賴中央補助款的心態，回歸經營者風險承擔的謹慎務實面並擴展國際視野，參考其他先進國家發展案例，時時校準並仔細推動，以求運作順暢。

第四章
日本推行地方
創生政策與第
六級產業發展

第一節　發展地域經濟與日本地方創生政策

　　隨著經濟全球化風潮及資本主義發展，城鄉差距、人口集中都會圈、就業機會不均及鄉鎮凋零引起關注。2014年日本安倍內閣提出「地方創生政策」，欲以簇生產業的發展機制「促進地方持續成長的活力」，達到發展平衡、人口活化效果。台灣亦面臨類似日本的地方困境，行政院於2017年以「均衡台灣」作為推動「地方創生」之主軸，藉由地方特色產業發展帶動人口回流，解決區域發展不均問題。根據國家發展委員會2018年8月發布之人口報告，我國人口將在3～10年內出現負成長，相較2017年人口數約2,400萬人，2065年估計僅約剩1,700萬人，減少幅度超過四分之一。據此，於2018年5月的「行政院地方創生會報」第一次會議中宣布將2019年訂為「地方創生元年」，選定全國134鄉鎮市區作為地方創生政策的推動重點領域。有鑑於日本地方創生政策在2015年推動五年後的達成率效果，頗為值得借鏡。台灣在施行地方創生政策時，不僅須講求地方經濟發展的永續性，持續強化地方創生企業自力更生的能力，減少對政府補助依賴的趨勢外更應注重政策的落實執行效能。

　　日本地方創生戰略‧促進的背景在第三章已然述明經緯，本節先從發展地域經濟的視角回溯日本、歐美等先進國對於地域經

濟發展及其源流之論述；再就日本地域產業發展的沿革及其政策
思維作敘述；最後探討第六級產業化發展之相關研究。

一、地域經濟發展理論的變遷

提倡內發性地域經濟發展的趨勢

　　倡導地域內向型發展與工業化的關聯論說，自上個世紀1970
年代世界經濟遭受景氣循環重創以來，「替代型的工業化」
（alternative industrialization）已然在先進國家得到廣範的提倡。
儘管此一新模式的工業化模型受用的類型本身是多種多樣的，但
仍可以大致分為兩種應用類型。一個是後發地域的工業化；另一
個是先進地域的工業化。其中先進地域的工業化已經在發達地區
達到了成熟階段，並且正在為脫成熟化的困境而苦思良策。

　　既有的工業化具有外生性發展的特徵，而「替代型的工業
化」則具有內生性發展的屬性。內生性發展的本質是為「由下而
上」或稱為「內發性」的發展。既有的工業化型態具有生產空間
集中化的特徵，勢必將生產樣式不斷地擴大，從核心區域拓展向
周邊地區、從發達地區向未開發地區擴散的形式進行並得以持續
成長。這種工業化型態的驅動力通常是大型企業，而從後發地域
的觀點來看，這種工業化是「從外部」或「由上而下」發展的型
態；此所以它又被稱為「外來的發展」。基於此，在地的主體通
常總是希望能吸引外部的企業源源不斷地投資；也就是說，這將
是得取決於該地區以外的大型企業來促進本地的工業化。

　　另一方面「替代型的工業化」或稱內生性發展是地域驅動、
分散式的工業化，這是利用當地獨特性資源的工業化；地域的中

　　小型企業將被視爲主導者，並且具有開啓蓬勃的企業家精神、和挑戰新創一個經濟型態的創業企業。「替代型的工業化」雖說是地域內生型的面向但並不是和「封閉經濟」畫上等號。在某些情況下資源的利用可能來自融合地區的內外，甚至生產的最終製品會在該地區以外積極地尋求販售市場。

　　對於該地區來說，現有的工業化和內生發展通常具有可選項。現有的工業化地區傾向於根據市場經濟選擇該方向。但是在現有工業化困難的地區內生發展必須占主導地位。此外當後發地域促進「後期工業化」和先進地域不成熟時，內生性發展通常優先。現今既有工業化的局限性顯而易見。

　　換句話說，首先是主要涉及大企業的工業化的成熟。第二，現存工業化的消極方面，例如人類疏離和環境問題已經變得顯而易見。第三，外部的工業化不允許該地區的許多人在地域發展中發揮作用。另一方面，在內生的地域發展中，該區域許多人獨立地參與地域發展。

　　於此，內生性地域發展類型是立基於「草根」屬性發展的活動，因此許多在地居民對於參與地域的經濟活動是感興趣的；透過參與取得的成就感，這將能積累有關地域發展的專門知識，就結果來看是既促進了也強化了地域發展的連續性。

　　世界OECD經合組織長期以來一直主張「地方倡議」作爲地域發展的重要手段。早在1993年度的調查中，OECD經合組織24個國家的失業人數估計達到3,500萬，其中大多數是結構性失業，創造就業機會是一個重要的政策問題。爲此有必要在地方一級創建產業並提倡「地方倡議」。何謂「地方倡議」？

根據經合組織的C. W. Brooks的說法[1]：地方倡議完全由地域產生的刺激支撐，地域當地人直接參與，其發展的目標是「可持續發展」，透過加強新業務、產品和市場來增強「社會經濟進步」。

實際上，在許多OECD經合組織國家中「地方倡議」從經驗主義運動演變為1980年代的自立地域促進政策，地域戰略也已從「從外部」吸引大型企業轉而向「從內部」開展經濟活動。其時在歐美的許多已開發國家，內發性發展已經成為地域發展的主流。

從外來型發展朝向內發性發展

內發性發展（endogenous development）亦即是揭示「另一種發展」（another development）的可能性[2]。

- 聯合國經濟事務總會報告「What now」（道格・哈馬舍爾德基金會）標示意涵（Dag Hjalmar Agne Carl Hammarskjöld, "What now", 1975）

1975年聯合國提出「內生性發展」和「自力更生」是為「另一種發展」的可能作法，取代了以經濟增長為導向的慣性發展思維，其要項如下：

①與基本需求有關（以需求為導向）（need-oriented）。

②內生性的（endogenous）。

③自力更生的（self-reliant）。

---

1 OECD, "Co-operative Action Programme on Local Initiatives for Employment Creation," 1993.

2 G. Garofoli, ed., Endogenous Development and Southern Europe, Aldershot, Avebury, 1992.

④生態環保健全的（ecologically sound）。

⑤經濟和社會結構改變需求（based structural transformation）。

二戰後，日本曾經爲了誘導大企業投資而推動盛極一時的外來型地域開發，但是進入全球化競爭時代，企業紛紛向海外擴張、移轉；自此日本國內從而得以回復到促進內生產業發展、地域獨立的倡導。

二、地方創生是產業地域化的深化政策

發展地域產業是通過利用當地資源（資本、技術、勞動力、原材料等）管理來發展在地經濟的產業稱之。考察日本地域產業發展的沿革，在朔源地域產業發展過程中通常會想像在1868年始於江戶時代的明治時期所形成所謂的「產地」。自江戶時代以來傳統手工業在各個地方都已普及，形成了許多「產地」並已成爲當地工業形象的原型。在明治時代（1868年至1912年計44年）中「產地」和「地場產業」隨處可見，一方面積極的從英國、法國和德國等先進工業國家引進了技術而確立了重化學工業基礎。

二戰後，在1960年代、1970年代，政策重點放在復興重化工業，更因後進國家的追趕，「產地」和「地場產業」被削弱、忽視了。在此時期由於對危機意識的薄弱，未能提供地域產業有效的政策支援。

在1980年代和1990年代，來自開發中國家的競爭導致諸如「生產區」和「本地工業」之類型的本地產業重要性下降。但，隨著危機感的增強又對地方產業的政策支援開始實施，提出了「地域產業集聚」的政策。

在1990年代到2010年代，日本開始利用地域資源來振興當

地產業以實現地域的自立。重點在於企業間網絡化的合作，如此透過多樣化合作的「新連結」在地場產業中進行創新（Innovation）已成爲一個重要課題。

上述日本地域產業發展沿革的幾個時期政策思維變遷，約略可整理如下表日本地域產業發展沿革的政策思維變遷，分七個時期。

1. 日本地域產業發展沿革的政策思維變遷

年　代	地域產業發展沿革的政策思維變遷
1. 1880年代明治時期	各式各樣的生產中心和地場產業的形成，直到二戰後的1960年代，日本有許多主要工業（汽車和機械）於此時期打下基礎。
2. 1960～70年代（高度經濟成長期）	重化學工業、機械工業急遽成長，以中小企業為中心的在地和傳統產業的停滯、衰退，地域主義漸興起。
3. 1980年代	由於經濟全球化，機械產業的海外投資擴張（產業空洞化），在地地場產業（主要是中小企業）呈現衰退趨勢，內生發展理論引發關注。
4. 1990年代（泡沫經濟崩壞後）	自1990年代中期以來，產業群聚理論引發了關注。展開科技政策，新興的地域產業致力於以地域為主體的產學合作聯盟來創建與高科技相關連的中小企業。
5. 2000年代（地域活性化課題）	產業群聚政策的制定，自1990年代中期以來，鄉鎮市的合併持續地進行，要求地域自立，國內各地域間的競爭加劇，振興地域產業和創新產業的呼籲。促進內生地域發展和促進內發本地產業的倡議全面展開。

年　代	地域產業發展沿革的政策思維變遷
6. 2010年代	活用在地產業資源振興在地產業，透過聯盟和網路合作創新產業
7. 2020年代以後（展望與課題）	透過建立新的聯盟夥伴關係，響應第四次工業革命對地域產業進行創新（ICT、IOT、AI）和利用鄰近性等優勢，從而提高在地產業的生產性。

2. 1960-1970年代（經濟高成長時期）

此時期地域產業的發展是被忽視的，在重化學工業實現快速經濟增長的時期，地方政府著重於誘導大企業設廠；而大企業集團也正於全國土範圍內積極擴大投資。另一方面，現存地域的地場傳統產業失去了競爭力，勞動力已經從傳統行業轉移到重工業和化學工業。因為強調國際競爭力而忽略了傳統產業；故此，頒布了《傳統手工業促進法》（1974年）以保護培育和發展作為地方工業的傳統產業。

日本「地域主義」在1970年代開始被重視與探討，其作為後來與內向發展論的主張是一脈相承極具關連性的。此時期在中央政府由上而下的施行普遍控制的同時，提出冀望能突顯並尊重每個地方的特徵和獨特性之論述；其可對應於歐美早先提出的在地主義（Localism）的主張。

「確保地域的居民與當地社區有團結的意識並根據該地區的在地人格追求適性的行政，經濟獨立和文化獨立。」（玉野井芳郎《地域分権の思想》（1977年））

在經濟方面，它重視該地區的內在發展並要求全球性的大型跨國企業協調和保護以該地域發展為基礎的地方資本。在地域發

展中強調在地利益和獨特性。儘管強調在地產業的想法如雨後春筍般的提出，但這種想法在以大企業爲中心的經濟增長大趨勢中並未得到明顯傳播，一直要等到泡沫經濟崩潰之後的1990年代才重新受到關注。

3. 1980年代以中小企業爲主體的地域產業傾向衰退，城下町企業疲弊叢生

城下町企業：以大型企業爲中心在特定的區域中形成的中小企業的集聚地域（或地方自治體）。[3]

在1980年代，城下町企業的造船業、鋼鐵工業等成爲了夕陽工業，這些工業所在的地域形成了「產業空洞化」現象；同時，日圓（JPY）匯率升值、與開發中國家產品的競爭、海外生產擴張等貿易結構的變化等所謂的「產業結構不景氣」競爭環境下，中小企業其業務轉型、轉進新領域和開發新產品是重要的課題。在這個時期，儘管有「地域中小企業」的概念，但是以「地域產業」發展的概念還是甚爲薄弱。

《テクノポリス法》（Technopolis method）（1983年制定，1998年廢除）

4. 1990年代提出產業群聚理論並開始認真規劃地域產業的發展

馬歇爾（A. Marshall）在《經濟學原理》（1890年）中，以小型企業集聚在該地域並且進行社會勞動分工得到發展稱其爲

3　企業城（company town），是指範圍內幾乎所有商店和住屋皆由同一間公司／企業所擁有的地區。該企業提供基礎建設（住房、商店、運輸、衛生下水道和供水設施）以便讓相關企業、工作者搬遷至當地聚集。城下町是日本的一種城市建設形式，以領主居住的城堡爲核心來建立的城市。

「產業地域」（industrial district），而其後於1970年代、1980年代以來，艾羅（Arrow）和羅瑪（Romar）等研究學者將外部性視爲產業集聚的特徵。到了1990年代中期以後，從許多不同層面的論說旨在形成產業集聚的政策，並且產業集聚已成爲中小企業政策的優先事項。

日本產業集聚的樣態可大分爲三種型態：一、城下町型企業產業集聚（汽車、電器產業等委託生產型分業構造），二、產地型產業集聚（纖維、家具、陶瓷器等社會分工型），三、都市圈型產業集聚（機械金屬製造業等是製造型中小企業集聚）。

5. 2000年代地域經濟發展戰略：產業集聚（Industrial cluster）

發展產業集聚的背景：

加強國家在國際競爭中的競爭力是已開發國家的挑戰，符應新興國家經濟發展帶來的日本工業空洞化的進展。透過產學合作和企業間網路促進先進產業和先進技術等創新活動（國際產業集聚政策競爭加劇）由於內生工業發展，對地域經濟獨立性的需求正在增加增強地域競爭力的時代。

2007年「中小企業地域資源活用促進法」制定。

2008年7月「農商工等連攜促進法」施行。

6. 2010年代通過開發和活用地域產業資源振興地域產業法案

地域資源＝地域產業資源3類型

①產地技術

②農林水產品觀光資源

2010年制定「六級產業化・地產地消法」，農業，林業和漁民的業務多樣化和複雜化促進使用當地農業，林業和漁產品。它

被作爲透過產業合作振興農村地區和使農業管理實體的管理多樣化的關鍵字。開發本地資源並利用本地中小企業的力量促進地域經濟的內生發展。

7. 地域產業今後的課題與展望

內生發展是可以預期的地方產業發展之方向，利用當地的技術、產業和文化作爲當地的產業資源，促進獨特的工業發展。當地消費者、企業、政府、經濟組織、非營利組織等。

利用該地區現有的各種資源，例如自然資源、技術和技能、資訊和知識、文化和習俗等，而將工業發展限制在特定行業並在區域內建立多種產業間結構連結，達致可以創建一個循環經濟並屬於當地域的流通體系。

開發和利用該地區擁有的本地資源來創造有價值的商品，服務和資訊，並尋求一種在該地區內外（包括海外）銷售的商業模式。

下圖是地域經濟循環與地域產業類型的概念圖，其基盤產業與非基盤產業是爲兩軸，驅動地域經濟循環與產業發展。

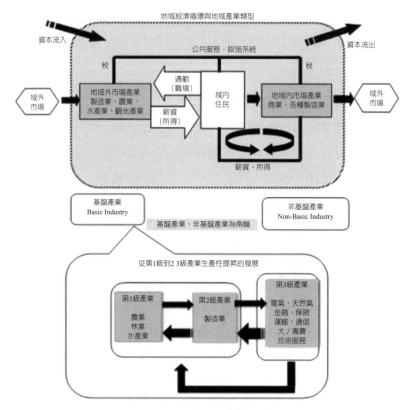

地域經濟循環與地域產業類型

資料出所：伊藤正昭（2017）〈生產性向上による地域產業の振興-觀光の產業化〉『2017環球科大與日本明治大學國際學術研討會』論文集

三、第六級產業化促進地域產業發展

日本2012年根據政策金融公庫農林水產事業的一項調查，從事第六級產業化的農民中有70%的人認為自己的收入有所增加；另外也統計了從開始施行到商業化平均需要4.1年的時間。但是到了2017年對綜合商業計畫認證的企業進行的調查中，有70%的

受訪者表示該項目是延遲的、或者沒有實施。由此可以推斷在主要是由小農推行的第六級產業化的狀況下，其商業管理策略和行銷方面的專門知識是欠缺的。

另外，日本由於大力推廣第六級產業化運動，在地生產和在地消費的合作以及AI、物聯網（IOT）、大數據科技應用已經廣泛普及。但是缺乏連結整合這些活動的明確論述。農業、商業和服務業合作是第一級、第二級和第三級產業的經濟實體之間的合作，基於產業結構理論的分析是有效的。為了使農業成為增長型產業，有必要注入與服務相關聯的商業管理機制，其中人力資源開發是提高該部門生產性的當務之急。而如同《城鎮，人和工作創生政策》創生本部的基本方針所指，提高在地產業服務系列的生產性已成為地域產業內在發展的重要課題。

價值鏈

日本農林水產省呼籲全面的第六級產業化，綜合的促進以農林漁業為第一級產業，以製造業為第二級產業，以零售／服務業為第三級產業；其使用在地資源創造新的附加價值為要點。這些創造增值的過程論述是引用了Porter（1985）的價值鏈概念進行分析。價值鏈的分析框架將企業的事業活動分解成個體的價值活動，並在此連結的同時探索競爭優勢的來源。其過程分為基本活動（以下稱為主要活動）和協助活動，主要活動是採購物流（原材料採購）、製造、運輸物流、銷售／市場行銷和售後服務；協助活動是指零組件調度、技術開發、人事和勞務管理以及一般管理。

一般從品牌行銷的角度使用價值鏈來分析農業和食品相關產

業,闡明其提升附加價值的特徵是依企業擁有的資源優勢,而採用的品牌策略會有所不同。在森島（2013）的研究中,透過比較農業生產法人的價值鏈建構狀況得出以下結果。如果產品在「採購物流」中擁有優勢,即新開發的品種可以透過許可專門等方式建立一個「產品品牌」來區隔,並對其進行品牌化的策略是有效的。農產品的生產過程差別品牌化是較難達致的目標（相對於工藝製品）,其結果易於在氾濫生產中被淹沒了,但是如果可以確立獨家生產和銷售新品種,則採用品牌策略可以降低客戶的議價能力。再加上設置直接的銷售場所或觀光農場,直接向消費者行銷打開「地域品牌」,而在當地的「物流管道」中發揮的作用確立了「產品品牌戰略」（ Product brand strategy）的策略是奏效的。

　　森島的研究基於價值鏈的理論框架,該價值框架對於為每項活動組織有效的品牌戰略都具有很高的價值。但是,另一方面來說,對於透過複雜協調價值鏈的活動、增加模仿的難度、形成核心競爭力的企業而言,要製定有效的品牌戰略是極其困難的。

垂直整合價值鏈（vertical integration）

　　在企業的價值鏈中是個體活動的集合,必須執行所有活動才能使企業向客戶提供產品或服務。在這裡垂直整合（vertical integration）的程度取決於價值鏈中涉及的活動數量。所涉及的活動愈多垂直整合的程度就越高（次數越少,水準越低）。

　　農產品生產是一系列加工、流通、銷售供應鏈過程,結合這些過程以增加價值。一般企業欲進入向上游的農業生產整合的策略,例如餐飲業和流通業等第三級產業是一個典型的垂直整合例

子。近年來垂直整合的另一個趨勢是農業（主要生產者）參入加工、銷售（下游領域）整合的增長，室谷（2011）的研究將其稱為下游驅動的第六級產業化。

室谷（2011）報告說，作為農村第六級產業的一個問題，在當地社區主導的上游計畫中沒有像大型企業這樣的物質管理資源的優勢，所有管理資源都已投入。據說全面競爭將需要「在合作參與者之間共享價值」和「本地主題故事」才能取得成功。

從長期而言，農民在第六級農業產業化中的垂直整合問題，松原（2012）指出成功因素基本上取決於管理人員的能力，其在擴大規模存在局限性。這些研究指出了在以農民（川上）為首的第六級產業化（垂直整合）中人力資源（人力）和物質資源（物）的管理問題。另外，認為用於農民的第六級產業化（垂直整合）的財務管理資源（資金）和資訊管理資源（資訊）存在問題。農業管理通常依賴於農協會員組合員勘定系統進行融資，但是在進行第六級產業化時，資金的獲取儘管也可以使用由商業金融機構提供的融資及農林水產組織基金（A-FIVE）提供，但對象要求限制及貸款額度有限問題頻生，況且面對資訊的管理資源，包括技術能力、專利和專門技術，根據對認證的第六級產業化企業（2017年）的調查，大多數的回答困難為當農民在第六級產業化中從事新事業時，他們缺乏生產加工技術和專門知識、無法使用自己投資的設備，從而降低了生產效率和品質。

第六級農業產業化

今村（1998）提倡「農業的第六級產業化」。基於振興農業和農村地區，主張第一產業×第二產業×第三產業 = 第六級產

業，並且修正增加了在乘法的前提下才能實現第六級產業化，即僅僅透過加法將第一、第二和第三級產業加在一起是不夠的，而透過乘法進行有機集成的整合是必要的。今村主張農業是農民、農產品加工是食品加工者、農產品經銷和出售資訊服務是批發／零售業務和資訊服務業務。這是將第二級產業和第三級產業與第一級產業為主體相結合，實現高附加值的農業，該理論是基於 Colin G. Clark（1940）所提的貝蒂法則。威廉・佩蒂（William Petty，1690年）在「政治算術」中指出，製造業的收益要比農業大得多，而商業收益要比製造業大得更多。基於Petty的斷言，Clark透過統計證明發現，經濟發展將國家產業結構的權重從第一級產業轉移到了第二級產業，再到了第三級產業，這是佩蒂定律。今村將這一規則運用於農業，並稱由農業向第二級產業和第三級產業發展的過程為「農業第六級產業化」造語詞彙。

今村（2012）總結了日本農業的五個特徵。第一、農業用地狹窄且坡地眾多，但擁有四個季節的天氣條件，降雨豐沛、穩定的單位面積高產量以及各種優良資源、生產設備。第二、農民教育程度高、農業技術水準高、人力資源多並具有優秀的應用技能。第三、農業科學、機械化和設備水準高，充分利用潛力為要。第四、擁有一定生活水準且穩定的社會階級。第五、已形成耕種的村莊和區域為基礎的自治組織。

今村的「農業第六級產業化」建議在日本的各地農村中施行，雖然個別規模很小，但在全國各地都提出了基於理論主張令人信服的提案。這導向第六級產業化運動的擴展。從這個意義上來說，今村的提議在一片農業的革新聲中發揮了重要的作用。

農商工聯盟

日本《農商工等連攜促進法》是爲了改善中小企業、農業、林業和漁業管理問題，其透過中小企業與農業、林業和漁業之間有機合作實施的促進法。透過有效利用管理資源來開發新產品、生產或開發需求、提供新服務。換句話說，中小型企業和農業、林業和漁業可以在各自的專業領域中進行合作，實現新產品開發和新服務並有助於改善地域事業的經營管理。

今村（2008）認爲農商工等連攜促進法是第六級產業化政策的政府支持版本，旨在透過與政府機構合作採取立法措施爲「農業第六級產業化」提供政策支援。森島（2013年）評論農商工促進法是，建立一個能夠實現低成本生產或高附加值銷售的系統（業務模型）的需求，以便在農業管理投入（input）和產出（output）資源的過程中創造附加價值。而在此系統中，最重要的是確認適合內部化（第六級產業化）和外部化（農商工聯盟）的履涉程度並創建增值價值鏈來作爲決定其分歧點的選擇。

倡議施行第六級產業化的機制

今村（2009，2012）指出，在近年來的第六級農業產業化中，行銷銷售公司（第三級）成爲主體，而農業加工者（第二級）則是被控制的，他指出農民和農業生產者（第一級產業）成爲發展的墊腳石；第三級產業×第二級產業×第一級產業＝第六級產業的計畫變成了倒行逆施的案例。換句話說，這與今村提出的旨在增加農民收入和振興地域農業的「第六級農業產業」主張相抵觸。

室谷（2013）總結了第六級工業化的現狀和問題，缺乏地域

擴張，農民傾向於在農業、商業和工業合作中停滯在原材料供應商的問題。由於缺少向服務業的擴展，例如觀光農場、體驗民宿等服務業因此缺乏多樣性。另外，第六級產業化的事業計畫多在較短的三到五年內完成，長遠的眼光不足。基於此，考慮農業產業化的發展方向，其類型應分爲「產業型」和「社區型」。而在考慮到對地域的波及效應，他較強調「社區類型」可以長期穩定地維持地域的利益。

　　儘管今村主張農業的第六級工業化旨在增加農民的收入，但成功因素基本上取決於管理者的能力，並且擴大規模存在一個極限點，同時地域振興受到限制對發展的貢獻程度也很有限。

　　後藤（2018）指出農工商業聯盟在農業第六級產業化都有優勢和劣勢。如果把重點放在增加農業價值上，在農商合作中農民與企業之間的力量平衡將是一個問題，而農民管理的規模將成爲第六次農業產業化的問題。此外，考慮到地域振興與地域的協調是農業、商業和工業合作的重要問題，管理規模也是今村作爲第六產業的農業問題。在考慮這兩者之間的平衡時，它既不是農民也不是企業，而是農協（相當於農會）應積極促進第六級農業產業化的發展（仲野 2016）如果認爲農民的管理規模是一個問題，如果農協成爲企業實體並促進第六級產業化，既可以實現高附加值農業又可以實現地域振興。從規模產量，加工和銷售通路的角度來看，農民參與第六級產業化是有局限性的，但是，卻可以透過與農協的合作機制來大力發展實踐的。

日本地方創生政策施行成果

　　日本政府制定的地方創生方針「城市、住民與工作創生戰略」，是爲了實現國土人口平衡、維持經濟活力，由國家統一擬訂而成。所有地方政府，均基於其戰略，擬訂未來人口預測的地方人口願景和納入事業目標與KPI（重點指標）的「地方版綜合戰略」，以期著手展開實現地方創生之所需事業。事業範疇遍及創造就業機會和活化產業領域、生活醫療、福利領域、空間維護、都市開發領域、人才培育領域等。施行四年期間來看，從擬訂地方創生戰略中，針對事業制定稅收和財政支援制度；接續將培育地方人才、創造工作核心的大學改革；並將人口減少而產生的閒置店面、閒置土地，視爲地區資源，有效運用，並進一步遷移政府相關機構和中央地方政府機構等，做爲地方創生引爆劑的具體對策。

　　促使地方政府投入提案對策層面的成果來看，已帶來一定程度的成果。但是，做爲首要對策標的「制止人口減少」和「緩解人口集中大都會圈地區」的目標成果尚遠。地區人口成長的關鍵，最終還是在於提升出生率。人口成長率高的地區，除了有東京、名古屋、福岡等大都市圈的周邊地方政府之外，絕大部分都像沖繩縣及周邊離島地區。若以大都市地區以外的市、鎭、鄉來

看，幾乎都是低於5萬人的中小地方政府，出生率的提振依舊緩慢，人口成長率也未大幅提高，因此以全國來看並未止住人口減少的情況。要提振出生率和促使大都會人口移居地方，本來就不是短期間可以做出成果。實現地方創生的理念以及施行地域經濟發展的積極措施是下個階段的政策重點所在。也就是對創造價值據點（地方樞紐）的重點投資；以及在技術和數位環境中，培育可支撐地域就業與生活的選擇性據點。這種附加價值的據點稱為「地方樞紐」。有助於謀得附加價值的地域或地方都市。以往的日本以具備齊全中樞功能的東京擔任全球窗口的功能，地方則呈現仰賴東京的結構。

日本花了很長的時間考察歐洲德國，學取值得做為地方樞紐借鏡的都市經驗。若以最高順位排列德國高產能都市、地區（用GRP除以人口的統計數值），則由人口5至20萬人左右的中小規模都市位居前幾位。除了斯圖加特、法蘭克福大都市之外，中小規模都市英戈爾斯塔特、沃爾夫斯堡、愛爾朗根、雷根斯堡、科堡等皆擠入排名。這些都市都是據點型都市，除了人口規模大、具備行政功能據點之外，更是銷售汽車、機械（斯圖加特）、金融（法蘭克福）的大都市。以企業城堡型來說，則有狼堡（福斯汽車）、英戈爾斯塔特（奧迪）、路德維希港（BASF）等城鎮經濟的都市。

日本由高度經濟成長期，牽引著經濟發展，其時這些企業皆以東京為中心的大都市地區為頂點，形成金字塔結構，而中小規模和微型企業，成長和發展機會受到抑制。地方區域卻以這種中小規模和微型企業占絕大比重之下，形成東京=大企業、地方=中小企業的構圖。然而，未來勢必要培育新生的企業群以建立下

一個全球競爭型的企業。所謂「地方樞紐」這個據點的成長，將做爲這些企業變革與創造的重要場所。考據優質的地方樞紐並不只有德國案例而已，日本也開始出現萌芽案例。

台灣從1990年代的社區總體營造、一鄉鎮一特產（OTOP）等政策開始，經常都受到日本經濟、社會發展方向的影響與啓發，因而這幾年日本首相安倍晉三大動作地投入人力與資源推動「地方創生」，自然也受到很大的關注。

觀察日本地方創生政策推動的做法，與過去中央政府補助地方政府的差異在於創生在政府的行動上，想要改善長期以來地方政府自己發展經濟動能不足的現象。許多的地方政府僅仰賴中央給予財政補助，然後也無力自求生路。再來面臨人口凋零的情況下，地方如果不靠自己的規劃與執行能力，無以生存，因此，推動地方創生的第一年，日本政府花了許多預算經費，要讓地方政府有能力擬出在中央政策框架下的五年地方創生政策規劃。其規劃可以跟各地方政府原本的中長期施政藍圖相輔相乘，關鍵在於地方創生對於縣級單位而言，縣內仍然有許多人口持續減少的地方，值得推動地方創生相關活動。地方創生規劃的行動方案是持續累積滾動式精進的，要落實的是在地方提出「事業計畫書」，地方政府不僅要促使事業計畫書持續的增加，同時要檢視這些事業是否具體落實，落實的關鍵在於增加地方居住人口的關鍵績效指標（KPI）是否達成了。這是一種簇生產業發展建設的動員模式，不是過去政府做規劃，民間提計畫的分工了，政府要從規劃中了解民間什麼樣的計畫有成功的機會並且願意促使這個機會形成「事業」。因爲許多的地方創生事業乍看之下其實都是不具有財務經濟及效益的事業。

地方創生就市場經濟的角度來看，其實是在處理已經朝向惡性循環的經濟發展有改變的機會，這種改變是當預期人口減少的情形發生時，及早動員做準備，更多的投入，把現在還沒看見的經濟發展起來，讓地方創生不是補貼而是源源不絕的實際行動。地方因此必須開放與國際接軌，這是近些年經常可以看見日本地方政府的縣市首長勤於海外做宣傳的原因。這些偏鄉地方，他們都被幾個地方成功案例鼓舞了，當努力的讓觀光客形成規模的同時也將在地的農產、加工業帶起，讓服務、製造業、農產在地方並肩齊發，地域得以坐擁附加價值型的事業發展。

台灣各個縣市鄉鎮農村都擁有在地特色的產業或產品，政策面若能與時俱進，建置重點地域產業發展的友善環境，深入探討培植在地特色產業，相信將可借鏡日本的第六級產業化優質的發展及地方創生經驗，成為平衡我國城鄉地方發展、落實在地中小企業創新的重要基盤。另一方面，未來若能持續透過智慧科技結合第六級產業化發展，搭配具地方特色的農會組織創新營運商業模式，預期可協助在地特色產業之升級轉型，促進城鄉經濟均衡發展、繁榮地方。

第五章
泰國推動OTOP
運動的策略及
其成果

第一節　泰國推動OTOP運動的起源與策略

　　1997年的亞洲金融風爆泰國受創最重，GDP呈現1.4%負成長，1998年更惡化到10.2%的負成長。因此，爲振興經濟發展地方產業，提升鄉村地區居民的生活品質，成爲泰國政府的重要經濟政策，其中推動OTOP運動成爲泰國發展經濟目標的重要措施。

　　泰國第23任總理塔克辛・欽那瓦（Thaksin Chinna Wat）1949年7月26日出生於泰國北部清邁府，泰愛泰黨創立人，爲前泰國皇家警察中校和商人，其妹盈拉・欽那瓦亦曾任總理，兩人屬於第四代泰國華人，祖籍廣東潮州府豐順縣，客家人後裔曾留學美國休斯頓州立大學獲得刑事司法博士學位。

　　塔克辛任泰國總理自2001年2月9日至2006年9月19日，政權長達五年半。他仿效日本OTOP（one Village one Product），推動泰國OTOP（one Tanbon one Product），Tanbon的意義是多鄉合併的行政區，爲振興農村設立「村落基金」，提供全國約7,000個村落建設經費，每一村落補助100萬泰銖（約合台幣100萬元），普遍開發泰北貧窮村落地域爲其政府發展經濟的重大措施。

　　泰國的經濟發展一向依賴外國資本來實現其工業化的政策，

自1960年代育成輸入替代型產業，1970年代以後轉變爲輸出導向型，1980年代後半經過海外資本直接投資潮進入投資，1990年代後半泰國經濟確實達成高成長。但另一方面，產業與地域之間落差卻不斷擴大。

農村提供泰國經濟開發豐富的資源和低廉的勞動力，造成農村的貧困，人口過疏，環境破害等問題。尤其1997年爆發亞洲金融危機更帶來泰國農村長期落後疲困。

塔克辛政府爲了改善農村貧困問題，直接以「村落基全」進行經濟援助，同時推動OTOP農村開發計畫「振興地域」基本政策，擴大產物銷售，增加農民所得，提升生產者和產品優質的經濟效果，然而OTOP農村開發基本目的和成果，以及貧困問題至今並未完全解決。

塔克辛政府爲進一步改善農村貧困問題，直接以「村落基金」實施經濟援助，同時積極推動泰國OTOP農村開發計畫「振興地域」基本政策。塔克辛總理強調三大基本理念：

1. 發掘地域潛力，活化地域智慧和文化，實現自地域出發走向全球，創造世界共用產品和服務。

2. 自立自強，發掘地域潛力，實現振興地域夢想。

3. 開發地域人力資源，培育接受挑戰精神的領導人才。

具體而言，地域居民自力自強，活用地域資源和人才智慧，開發市場需求的高附加價值產品，創造地域居民就業機會，增加地域居民所得，安定社會爲目的。

一、泰國塔克辛政府2001年開始實施OTOP政策，其措施步驟

1. 協助地方建立長期的產業發展計畫。

2. 協助各地方政府選擇一項產品，但要先考慮產品原料取得可行性，技術程度與地方認同感。

3. 規定地方政府建構可行的行銷策略。

4. 蒐集全國OTOP之資訊，分別就可以內銷或可以外銷，仍限於地方性自產自銷。

5. 鼓勵業者將產品向政府申請智慧型產權登記，以防仿冒或剽竊的情形發生。

在以上五階段輔導中，泰國政府提供地方政府：

- 有經驗的外銷人才
- 有能力的產品設計人才
- 有知識的貿易家

泰國政府內政部地域開發局2006年3月公布的資料。OTOP開發計畫提高農村所得為目的經濟政策，居民自立自強振興地域是政府大力支援的政策。

在此一政策推動下，生產的泰國OTOP特產品大概分五種：

1. 食品（農產品及其加工品）。

2. 飲料（酒精飲料、非酒精飲料）。

3. 編織物、裝飾品。

4. 室內設計裝飾品。

5. 英國式小酒店和小點心（食品以外）。

建立泰國OTOP品牌商品，區別產品差異化，政府保證品牌品質，讓消費者有安心、安全感，促進消費者購買慾的效果。

二、泰國OTOP特產必須先向政府登錄，必須經過下列幾道手續

先由鄉內選拔為地域產品，才能向Tambon政府提出申請登錄列入特產名單，然後再向內政部郡地域社會開發局提出申請，然後群政府將地域特產名單彙集，呈報縣地域社會開發局，地域分（北部、中部、東北部、南部）地域社會開發局，各省政府依照程序辦理。各依群政府地域社會開發局和縣地域社會開發局規定標準進行審查，並將審查結果呈報省政府做最後審定。現在政府已登錄17,000種OTOP特產。生產者分：1. 地域特產集團、2. 地域個人生產者、3. 中小企業等三種類。

為確保地域特產提升品質，泰國政府特於2002年引進OTOP開發計畫冠軍品牌（OPC）製程，將特產品分5階段授與5顆星為最高評價。由政府聘請有經驗的專家學者和政府官員成立OTOP特產審核選拔委員會，其審查標準分：

1. 優質品牌有輸出可能性者。

2. 生產有持續性和品質安定。

3. 品質讓消費者滿足感高的特產。

4. 特產的價值具有歷史性。

被認定可得到3-5顆星的特產即是OPC製程特產品。能得到3顆星的特產，政府就登錄列入為支援行銷對象，一直輔導其提升到5顆星為止。

第二節 泰國政府創設國際觀光鄉（村）行銷 OTOP產品

2006年泰國政府引進OVC發展型的OTOP偉烈士冠軍牌工藝等，連結觀光鄉（村）的戰略計畫，建立OPC地域持續發展明確地位。OVC就是將獲得好評的具有觀光開發潛力的地域，進行大規模環境整合的計畫。

OTOP偉烈士冠軍牌評選的4P條件如下：

1. 有居民參加（People）。
2. 有優良的OTOP產品（Product）。
3. 有觀光地區潛在力（Place）。
4. 有地域性的保持力（Preserve）。

OVC前身就是由2004-2005年實施的OTOP觀光鄉繼續計畫而來的系統策略。依據主管OTOP觀光鄉的觀光與休閒運動振興部觀光開發局計畫系統策略。

其開發OTOP觀光鄉的目的有：

1. 為生產優良特產地域的居民增加所得。
2. 結合地域智慧和居民生活、觀光活動提高附加價值。
3. 引導觀光客參訪生產現場，深入了解OTOP特產價值及生產者熟練的技術，發揮地域智慧功能活化地域。
4. 提升接待觀光客及享受美食的服務，運用OTOP偉烈士冠軍牌的製程振興地域的強力策略。

泰國政府指定8處地域成立OTOP產業觀光村，塔哇尹村是其中第一處，塔哇尹木雕產業觀光村（鄉）為OTOP產業標竿樣板，對促進泰國觀光開發實態和地域社會發揮明顯影響，對泰國農村產業發展值得肯定。例如：推動OTOP木雕產業當標竿樣板，從泰國北部中心都市的清邁，南向20公里為界的塔哇尹村為例，2007年全村只有282戶，人口839人的小鄉曾是一座以農業為主的農村，因地處乾旱地帶靠農業謀生困難，居民靠出外謀生，其中在清邁謀生的3位男性學習好木雕技術者，回鄉傳承製造木雕，現在已經傳到第五代。

　　塔哇尹鄉從木雕開始生產家俱，家庭裝飾品等，生產多種多樣木雕產品，在其生產過程，男性先用粗雕技術雕刻，女性負責精細裝飾色彩。要成為一位木雕達人最少要學習二年，而學習細工裝飾色彩的女性最少要一年，現在該鄉木雕達人30-60歲人才有80位，30-40歲木雕人才為研發產業的中心主力。

　　塔哇尹鄉自20年前出名，但鄉內名店不多，產品直接銷往清邁大域市，幾乎全由仲介業者包辦。

　　為提高木雕知名度，擴大銷售，塔哇尹鄉民每年在清邁舉辦行銷嘉年華會活動，在觀光客面前，技術者表演木雕作業，鄉民表演民族歌舞，一年一次3天的木雕節活動，逐漸擴大塔哇尹鄉木雕知名度和影響力。

　　從實施OTOP開發計畫開始到引進OPC制度，塔哇尹鄉的木雕特產都獲得3-5星級的好評，搭配附近好山好水自然景觀，塔哇尹鄉被政府指定為全國第一號觀光鄉，因此，帶來政府大規模觀光開發計畫，政府投注4,000萬泰銖開設景觀美化事業、觀光步道、觀光接待所，住宿設施、餐廳、公共廁所、觀光看板等廣

告宣傳設備。因塔哇尹鄉中心有條運河貫串，部落分散兩岸，原來兩岸雜草叢生，經過整頓後兩岸步道美觀、木雕名店林立，生產者住家即木雕店，多數爲二層樓建築，一樓當木雕店、二樓當住家，觀光客自由自在飽覽木雕作業表演過程。因宣傳奏效，觀光客倍增，木雕產品年年成長15%。依據保護鄉手工業集團委員會報告，2004年至2007年全鄉收入增加30%，可見塔哇尹木雕觀光鄉大成功。

該鄉木雕產品就產地構造論，販賣軌道由生產者直銷占30%，產地小賣店或經仲介業等內銷占40%，輸出約30%。生產者直接販賣和小賣店經銷，增加國內販賣貢獻良多。外來觀光客占70%，本地人只占30%，而人口聚落和產業聚落帶來人潮也帶來錢潮，是其成功關鍵。尤其各地設立觀光巴士停車場方便旅客停車購買，店主將產品直送到觀光巴士上交給觀光客，提高附加價值服務，獲得觀光客好感。

政府開設觀光用的英語、日語班，供業者研修，對接待外國觀光客受用效果大。在清邁大學或在地高級工藝學校開設地域傳統藝術課程培育第二代接班人才。爲確保產品原料供給無後顧之憂，鼓勵鄉民擴植林木、供給木雕長期使用在地木材，在使用期提前20年泰國政府獎勵鄉民大量種植泰國櫸木等林木。

綜觀以上泰國OTOP開發計畫和地域社會發展變化分述於下：

1. 居民自治組織財政和營運的成功

塔哇尹鄉最高民意機關以鄉爲中心設地域委員會，鄉長民選任期5年、副鄉長2名由鄉長指定。該鄉分9個行政區，各區有一

名代表，地域委員會、鄉長、副鄉長（2名）加上9名區代表共12名。地域委員會下設有：婦女會、老人會、青少年會、義工會、寺廟管理委員會、手工藝團體委員會等。地域委員會每月15日開會，審查預算使用及行政工作要求，行政要求先由住民會議提出。地域委員會的任務管理地域清潔、防治犯罪、地域事務、住民陳情處理。手工藝團體委員會的會員每月需繳納100元泰銖為地域清潔費。

住民大會一年召開一次，審查年度預算、用途在處理垃圾、寺廟祭典活動、木雕節活動。其他收入來自縣政府OTOP補助款，做維修道路及路燈電費，觀光設施等，其餘由地方負擔，財務營運雖有困難但仍然能平衡。

2. 住民合作與相互扶助的精神淡薄化

因經濟發展，地域階層對立及差別愈顯著，本地居民與非本地居民，土地所有權者與非土地所有權者、生產者與商業者，居住街道「內側」與「外側」之間意見分歧，愈來愈複雜，住民社會意識的變化，合作精神愈來愈淡薄。

3. 年青人外流後繼無人

OTOP觀光鄉開發後，針對塔哇尹鄉150戶收入調查，每月每戶收入6,000泰銖占11％，10,000泰銖占17％，20,000泰銖占42％，20,000泰銖以上占30％，清邁縣民收入平均6,000泰銖，塔哇尹鄉民收入高過清邁縣民平均數，生活水準提升，因此青年人學歷提高，而青年學歷高外流率愈高，外流多過返鄉者，產生後繼無人的困境。另一困難則是原地域內古木砍完、木雕材料不繼等為兩大隱憂。

OTOP觀光鄉成功後，塔哇尹鄉人口外流減少，不必人人外出曼谷或清邁謀職，能自立自強深感榮耀。但經濟發展、利害對立，互助互利的合作精神淡薄，強力追求自我利益，木雕技術後繼人才不足，木雕材料不足，合作精神不足「三不足」產品階層差別加大，地域居民合作精神產生變化，OTOP觀光鄉開發後產生了以上種種問題之外，地域資源與傳統文化有待整合與融合，如果泰國OTOP觀光鄉能夠繼續發展將大大考驗居民的智慧和能力。

泰國推動OTOP運動，產、官、學合作召開國際論壇擴大產品行銷全球

　　首先從中國的上海市、江西省、陝西省、江蘇省、甘肅省等地方推動日本OTOP（一鄉鎮一特產）運動，引進工廠的「品質管理」。寮國推動一地域一特產（One Region One Industry）。

　　非洲馬拉威共和國，在JICA（國際協力機構）的支持下，推動全國OTOP運動。各國推動方法不同，但一鄉鎮一特產運動目標一致，全球風起雲湧。因此，泰國總理塔克辛呼籲全世界各國能與日本大分縣合作交換推動一鄉鎮一特產運動的資訊，召開OTOP國際論壇，將各國推動狀況和發展連結一鄉鎮一特產運動，透過各國的地域間的網路互相了解互利互助。

　　2004年在泰國清邁召開OTOP國際論壇，就在清邁縣清邁大學內。清邁是泰北最大都市，13世紀泰北一帶是旦拿泰皇統治的首都，繁華280年後清邁的各朝歷史和文化都遺留到現在。清邁城鎮內有100座以上寺院，清邁地域生產傳統技術的手工藝品，周邊充滿豐富的自然景觀，正在開發育樂園區，該地區有些特殊保養濕地，具備發展地域獨特性的一鄉鎮一特產運動的良好條件，是塔克辛總理將清邁縣發展為泰國一鄉鎮一特產成功的典型縣，並推廣到全國各地，可稱為泰國一鄉鎮一特產運動的元祖，

而且清邁大學扮演召開國際論壇技術支援的要角。

　　參加國際論壇的亞洲12個國家和地區包括日本、中國、台灣、香港、韓國、蒙古、寮國、印尼、新加坡、緬甸、柬甫寨、印度等。非洲爲敘利亞、馬拉威二國，歐洲義大利。包括地主國泰國達16個國家和地區。參加人數約600人，日本由大分縣平松守彥縣長擔任團長共17人參加。其中以一鄉鎮一特產爲主題進行合作，研究地域開發的愛知縣的金城學院大學和熊本大學等校師生參加。

　　大會由泰國財政部長擔任一鄉鎮一特產運動實行委員會長，報告召開的意義經過和目的，接續放映錄影片介紹泰國的一鄉鎮一特產運動，結果讓大家大吃一驚，內容竟多數是介紹日本大分縣的一鄉鎮一特產運動。

　　塔克辛總理親自擔任開幕主要演講者，強調一鄉鎮一特產運動提升了大多數泰國國民的經濟活動和生活水準，帶來地域居民就業機會和利益增加，發揮阻止地域居民人口流入曼谷大都市的功能和效果。接著由平松守彥縣長演講，將日本大分縣一鄉鎮一特產運動開始至今，其組織動員及成功祕訣詳述說明。強調繼續努力將一鄉鎮一特產運動的經濟、文化、環境等交流成功的事實，形成全世界互聯網，互助互利。其次，由12個參加的國家領導者報告各國推動一鄉鎮一特產的情形。東甫寨內閣祕書長孟帝斯將一鄉鎮一特產運動構想分爲「地域性、持續性、觀光、人才培育、民間、經濟活動的社會資本」六項特產，其中農產品和手工藝品占80%。中國由陳陽進國家外國專家局副局長介紹各地域的一鄉鎮一特產運動，「上海一地一景、湖北一鄉一寶、江蘇一鎮一品」當標語系列展開，並對中國西部經濟開發成功實例詳加

說明。

印尼產業貿易部次長巴帝報告陶器、籐製品、竹編手工藝品、兒童服裝等特產。特別強調和義大利長統鞋設計師與義大利政府共同合作提升產品品質。新加坡國際貿易局長來旺報告創造新市場，擴大新市場、加強對品牌、設計、人才育成的努力。新加坡就像一鄉鎮一特產運動的國家，因為國內市場有限必須向海外擴大行銷，新加坡靠觀光客和物流轉運站越來發揮越大的功能。

台灣團是壓軸主角共22人參加大會，經濟部政務次長李模報告策定208個鄉鎮市新興發展計畫，振興地域產業計畫。最後，由台灣原住民族穿著原始服裝表演「農收之歌」舞歌，轟動全場，全體參加者都起立鼓掌讚賞台灣之美。

國際論壇閉幕前，各國代表發表共同宣言，泰國商務部長強調：一鄉鎮一特產運動扎根地域，擴大世界活動，共同連結地域加深互助、互利合作。清邁大學會場展示參加的各國一鄉鎮一特產產品。日本一鄉鎮一特產就是大分縣的松茸、燒酒、竹工藝品、藍漆器、姬玩偶、燒餅、木屐、梅、粟、茶、煎餅等食品和工藝品。現場接受各國訂單，大大增加大分縣的一鄉鎮一特產大量輸出國外。2004年2月在曼谷市舉辦日本食品販銷展示會，將大分縣特產大量促銷國外。泰國也將4-5顆星一鄉鎮一特產大量銷往國外。泰國政府同時獲得世界銀行協助在全國各地設「道之驛」銷售3顆星一鄉鎮一特產產品。大學、企業家、農家、生產者和政府產、官、學合作，提升泰國OTOP產品品質。

泰國政府全力以赴推動OTOP特產品，泰國政府輸出振興局（DEP）將4顆星以上的OTOP特產品向世界各國推銷，並利用

「國際論壇」舉辦OTOP產品產銷會招待各國代表參觀，在泰國曼谷清邁兩大都市招待各國代表參觀泰國最高級5星級的OTOP特產品，現場表演泰國傳統歌舞，各寺廟敲鑼鳴鼓迎貴賓並在曼谷國際機場設五星級OTOP特產品專櫃販售，擴大向世界觀光客推銷，亦在美國紐約、洛杉磯、法國巴黎、英國倫敦、日本東京設立「泰國OTOP特產品販售中心」讓全世界觀光客可以購買到泰國OTOP特產品。

2003年泰國副總理蘇姆基度率領泰國全國76縣縣長、副縣長等140人訪問大分縣。2004年泰國總理塔克辛扮授「第一級王冠勳章」給日本大分縣長平松守彥。日、泰兩國合作推動OTOP運動掀起全世界風潮。

其他，泰國農業部、工業部、商業部、中小企業部等政府官員及民間企業、農業、商業等團體都先後派人到日本大分縣學習推動OTOP運動的方法。

2003年一年間，來自世界23個國家，600人以上到日本大分縣研習考察OTOP運動，各國代表熱心學習，回國後積極開發他們的地域產業。從「國際論壇」開始將各國的經濟、文化、資訊連結成國際OTOP網路，OTOP已經形成國際網路大家族，亞洲各國地域原住民手牽手、心連心、一步一步向前邁向EU（European Union）和同樣AU（Asian Union）實現大道。

泰國政府積極協助地方創造與行銷共有的地方特色產品，政府不斷投入更多資源協助地方特產行銷國內外甚至全球，如此，不但創造更多地方特色產品，增加就業機會，活絡地方經濟，提升居民生活品質，防止地域內人口外流，增加地方經濟自給自足能力。

茲將泰國政府OTOP特產的行銷策略分析於下：

1. 在百貨公司設置零售亭子（專櫃），生產者必須自行分配產品。

2. 在購物商場設立零售店鋪，選擇交易商來分配販售產品。

3. 單獨設立的OTOP商店，業者可自行選擇產品販售。

除國內觀光客前來購買，更吸引外國觀光前來採購。

泰國政府在OTOP特產設計方面，特別邀請全球知名的設計大師，提供建議給泰國OTOP的特產製造商家，不僅使地方特產的設計能符合國內外消費者的愛好，更充滿創意和吸引力，大大的增加產品的附加價值。泰國政府聘請全球地方特產的設計名家，為泰國建立許多與產品設計發展有關的計畫，例如：

• 泰國紡織品發展與提倡計畫

• 區域產品設計發展計畫

泰國政府邀請法國和義大利設計大師、協助泰國特產製造商設計新產品，並啟發製造商設計靈感，改變設計思維。

泰國政府建置一個全國性網站做網路交易平台提供上千種OTOP特產銷售。另外，在泰國內外舉辦國際貿易展、展售地方特產，同時選拔全國最好特產參加全球其他國家舉辦的國際貿易展，邀請泰國200家出口商到各國舉辦「泰國OTOP特產展售會」推廣泰國多元的地方產品，增加國際相互觀摩學習OTOP的機會。

泰國政府實施OTOP政策具體成果：

泰國OTOP特產銷售總金額年代統計表		
西元	銷售總金額（泰銖）	備註
2001	2.15億	塔克辛政府開始實施。（約合台幣2.15億）
2002	240億	成長100倍
2003	330億	
2004	400億	
2007	1,000億	塔克辛政府結束後一年
2018	1,500億	吸引4,000萬人次觀光客
2020	2,000億	預估金額

資料來源：日本みずほ銀行國際戰略情報部綜合研究所調查（2019年4月），泰國
　　　　　政府歷年公布（至2019年4月）泰國投資環境資料。

- 自2001年起泰國地方特產銷售只有2.15億泰銖，至2002年達240億泰銖，成長超過100倍，到2003年更達到330億泰銖，至2007年塔克辛政權結束前一年，達到1,000億泰銖。至2018年已超過1,500億泰銖。
- 2020年預估可能超過2,000億泰銖。
- 泰國政府推動OTOP政策成功之因，不外建立組織，支援經費積極輔導，邀請世界級設計大師設計產品，銷售國際。
- 更建立全國網路行銷平台，政府整合各部門參與提供研發及人才，舉辦國際論壇及銷售展覽會，強力推銷。
- 泰國政府提供優惠融資給民間企業資金，發揮民營企業大量投資、發揮最大投資功能，政府與民間建立發展OTOP產業新伙伴關係，民間企業扮演舉足輕重的成功角色。

第六章
台灣地域產業
OTOP的未來

一鄉鎮一特產OTOP（One Town One Product）

台灣地方特色產業（Taiwan Local Cultural Industry）

台灣地方特色產品（Taiwan Local Cultural Products）

台灣地域產業OTOP的起源與發展

OTOP意指一鄉鎮一特產，構想引自日本OVOP（One Village One Product）一村一品運動。此理念是1979年由日本大分縣前知事（縣長）平松守彥博士（Hiramatsu Mariniko）提倡的每個鄉鎮市（村、町、市）結合當地特色，發展具有區隔性手工藝或食品特產的產業配合觀光政策，突出地方特色產業的「產品唯一（Only One）而非第一（Number one）」。其範疇以鄉（日本的村）、鎮（日本的町）、市（日本縣轄內的市）爲主。其所發展出的特色產品需具有當地的歷史性、文化性、獨特性、觀光及伴手禮等附加價值高的特質。

1970年代筆者正在日本東京明治大學研究地方自治，深受平松守彥縣長影響，開始注意一鄉鎮一特產。

筆者於1981-1989年任雲林縣縣長，八年任期內更深入研究日本大分縣長平松守彥所提倡的一村一品運動，並引進雲林縣政府推動一鄉鎮一特產。雲林縣共有20鄉鎮市，1981年開始推動各鄉鎮市特產如下：

雲林縣各鄉鎮市地方特產			
鄉鎮市別	地方特產	鄉鎮市別	地方特產
斗六市	文旦柚	元長鄉	落花生
西螺鎮	濁水米	莿桐鄉	軟枝楊桃
虎尾鎮	蒜頭	林內鄉	絲瓜
斗南鎮	竹筍	二崙鄉	洋香瓜
土庫鎮	鴨肉麵線	崙背鄉	牛乳
北港鎮	麻油	東勢鄉	紅蘿蔔
水林鄉	番薯	麥寮鄉	美生菜
口湖鄉	烏魚子	古坑鄉	咖啡
四湖鄉	鰻魚片	大埤鄉	酸菜
台西鄉	文蛤	褒忠鄉	羊肉小條香腸

實踐愛雲林，建設雲林，雲林縣政八年之理念與目標。

資料來源：凡努力過的必留下痕跡，1989年12月20日雲林縣政府出版。

　　我國經濟部中小企業處為協助中小企業利用地方特色產業為基礎，配合知識經濟理念為前導，創造高附加價值的新型態群聚式經濟體，於1989年特訂定OTOP計畫。

　　中小企業處推廣的內容相當廣泛，包含加工食品、文化、工藝、創意生活、在地美食、休憩服務及節慶民俗六大類，例如：鶯歌陶瓷、新竹玻璃、大溪豆乾、魚池紅茶等特色產業。

　　OTOP計畫列入「地方特色暨社區小企業輔導計畫」，至今已累積30年豐富經驗。1990年6月16日筆者任台灣省政府建設廳長、持續推行全省中小企業和地方產業的業務。

　　當時經濟部中小企業處長施顏祥邀請筆者擔任我國第一本中小企業白皮書編審委員，參加編撰工作人員如下表：

資料來源：中華民國八十三年中小企業白皮書

　　1994年中華民國第一本中小企業白皮書誕生（民國八十二年和八十三年合併出版），經濟部部長江丙坤於1994年10月為之寫序；強調我國中小企業必須更加努力，調整經營方向與目標，加強國內投資，致力於經營體質改善與技術升級，運用創新研發、自動化、多角化及人力資源等策略，加速推動企業升級轉型。

　　1995年台灣省政府建設廳大力推動發展地域經濟，協助各縣市政府深耕一鄉鎮一特產。

　　地方產業具有穩固地域經濟發展基礎，充裕地方財源，累積既有地方產業技術，連結當地人際關係，凝聚互信、互助力量並形成特有風土、文化與民情，不但是地方生活的重要支柱也是社會安定的力量與地方精神的象徵。

　　因此，地方產業的發展攸關地方經濟基礎的奠定與人文風格的形成，也與社會結構的健全發展息息相關（2005中小企業白皮書第七章地方特色產業的發展P127-148）。

在推動地方特產的發展途中，發現困境：

智識經濟時代，創新與研發，提升產品的附加價值，是地方產業發展的活路。但因工業發展而地方產業受到漠視。

地方產業面臨發展困境，其產值不及IT高科技產業深受政府重視，而地方產業轉型升級更不容易。中央著力於IT產業，任由地方政府針對部分具特色或群聚（Closter）關係的地方產業，輔導轉型或自主發展（自生自滅），地方政府為保存地方文化特色，提升地方居民的尊榮感，帶來繁榮地方經濟，增加當地就業機會，促進社會安定及提高國民所得。

我國經濟部中小企業處於1989年開始推動地方特色產業再造的輔導工作，帶動其他相關部會開始投入。自行政院在「挑戰2008國家發展計畫」中明確揭示「新故鄉社區營造計畫」，積極發展活化地方商圈，創意型地方特色產業及鄉村型地方產業，以帶動社區內部共識凝聚與產業轉型升級，發揮地方特色產業魅力，進而提供新的創業與就業機會。可見地方特色產業在國家經濟發展計畫中扮演重要角色。

地方產業的特質要件諸如產業集中在同一地區、鄉、鎮、市、區、村、里或社區，以運用當地的原材料及勞動力為原則，多屬傳統產業或勞動力密集產業，又具悠久歷史典故或文化傳統、產品以消費性為主。不論行政院各部會所推動任何地方特產，共同目標都在於再造地方生機，創造產業特色，提升產業競爭力及開發商業潛力。

綜合以上各種地方產業特色，大致可分為自然景觀、農產品、工藝產品、文化藝術產品及節慶活動產品。

因此經濟部中小企業處全力輔導OTOP，分三階段執行，行

政院各部會全力配合。

經濟部中小企業處在1989年透過「地方特色產業輔導」專案輔導OTOP的措施可分三階段。

第一階段（1989-1990）：以產業加工、製造業爲主。

第二階段（1991-2000）：以農產品、文化產品爲主。

第三階段（2001-2020）：以休閒觀光產業爲主。

經濟部商業司自1994年起推動「形象商圈區域輔導」、「商店街開發輔導」、「商業環境視覺設計」；1999年起推動「改善商業環境五年計畫」；2003年選定宜蘭縣、新竹縣、彰化縣、屏東縣、南投縣五個示範區，設立地方產業交流中心，同時提供研發、創新、學習、仲介人力資源和資訊的平台，有效活化地方產業能量，除土地規劃使用、公共設施與交通建設等各方面開發地方特產，結合創新經營模式加以包裝設計，促進地方產業交流中心的經營模式得以永續發展。

2019年11月7-8日經濟部中小企業處爲讓全國見證台灣地方特色產業的轉型與輔導成果，於台北市政府市民廣場舉辦「當幸福來敲門」OTOP地方特色產品展售會。結合全台灣各地的在地特產，透過活動與各地中小企業業者聯手拚經濟，刺激消費。結合台灣各地觀光景點，地方特色產品成爲觀光客選購伴手禮的最佳選擇，帶來廣大商機，滾滾人潮也帶來錢潮。

政府推動發展地方特色產業及推動特色遊程，積極輔導地方中小企業轉型升級，創造地方特色與更大的經濟效益。OTOP（一鄉鎮一特產）發揭具有歷史性、文化性、獨特性的在地產業，透過專業輔導團隊與業者的合作，運用在地資源，研發新產品、技術、創意，服務及品牌理念，朝向精緻化與特色化發展，

提升市場競爭力。

　　其中，五大主題以「美味台灣」、「暢遊台灣」、「樂活台灣」、「創意台灣」、「文化台灣」，讓台灣的中小企業向世界出發，期以帶來更多友善與健康的國際經貿夥伴，讓台灣中小企業邁向更寬廣的世界經貿舞台，同時為2010年「國際中小企業會議」（ISBC）年會活動暖身，引領台灣中小企業走入國際。

　　2016年7月4日經濟部中小企業處宣示，為拓銷在地與微型企業特色產品，整合線上、線下資源，及北中南6個實體通路，啟動「OTOP地方特色購物網」，促進國內外觀光客購物的便利。

　　隨著網路與電子商務發展，中小企業處為提供消費者更便利的購物服務，增進地方特色產品更多元的行銷管道，建構「OTOP」地方特色購物網，串聯現有OTOP實體通路與網路業者，進行「線上消費，線下體驗」以及「線下導流，線上導購」的O2O（Online to offline）的模式。中小企業處與日月潭OTOP館、埤頭鄉農會、彰化百寶村、果子文創-吃果子拜樹頭、台灣手工業中心中華工藝館、台北市立兒童新樂園，以及淡水亞太飯店等6家OTOP授權通路合作推動「OTOP行銷聯盟」。

　　應用電子商務結合實體通路優勢，觀光客回國後在家也可以直接下單購物。配合「OTOP地方特色購物網」的啟動，民眾和觀光客若加入購物網會員，也可獲紅利網購金。

　　促消OTOP的活動約可提升中小企業營業額成長3%以上，創造實體通路業者，周邊OTOP業者、消費者，品牌營運商贏得更多商機。

　　經濟部工業局在2000-2003年推動離島地方特色產業輔導計畫，針對金門、澎湖、馬祖等離島地區提升我國工業產品競爭力

計畫，地方特色產業輔導計畫，協助921（1999.09.21）大地震重建區地方性製造產品競爭力，從創意研發、生產技術到品牌行銷及市場營運等進行全方位輔導，發展成為「觀光工廠」受到好評，2004年起改名為「地方工業創新及轉型發展計畫」，繼續推動觀光工廠輔導業務，如台中后里樂器工業，協助歷史悠久的台中后里地區薩克斯風樂器拓展國際市場。

以「核心知識」、「深度體驗」以及「高質美感」為三大內函，符合該條件的企業均可獲得「創意生活事業證書」。

文化部（當時文建會）於2003年推動「地方文化產業振興計畫」對文化產業資源之開發整合，文化產業傳承及研習、文化產業之創新及行銷，達成「文化產業化」與「產業文化化」中取得「量」與「質」的平衡。

農委會推動「輔導地方產業文化」辦理農漁業文化研習及鄉土產業文化季，將文化傳承、觀光人潮共同參與農、漁文化為目的，彰顯多樣化的農漁業魅力以提高農、漁產價值，如每年舉辦的「屏東東港鮪魚節」轟動魚品美食界業者，帶來觀光人潮，帶來滾滾錢潮。推廣農村婦女手工藝、地方特產伴手禮，促進農漁產品商業化，也帶動地方農村休閒旅遊事業，提升農村生活品質。

原住民委員會擬訂「加強開發原住民民族經濟，促進產業發展」計畫，建立原住民產業機制，發展民間工場，振興少量多樣化的鄉土產業及部落觀光，拓展原住民藝術家與作品交流等。

客家委員會就客家地區具代表性，獨特產品的產業，如農特產、建築、木雕、陶瓷、編織、民宿等進行規劃設計，推廣行銷、研發等加以補助，就客家部落煙樓充實展示，例如：美濃雨傘、美濃黃蝶、美濃絲竹，稱為客家三寶，自清末及日治至現在

均具獨特性，行銷海內外。

勞動部（當時勞委會）自2001年1月起推動「永續就業計畫」目的都在藉助民間團體研討具創意性、地方性及發展性的計畫，創造就業機會以彌補政府的不足。2002年起推動多元就業開發計畫，創造5萬個就業機會貢獻良多。

自1989年起經濟部中小企業處推動地方特產輔導，借重專業輔導隊與業者合作，運用在地資源導入新技術、創意、服務及品牌理念，協助地方產業朝向精緻化與特色化發展，並以台灣OTOP共同標示形象推廣台灣一鄉一特產優質形象產品，開拓國內外市場，鎖定具國際市場發展潛力的地方特產進行產業價值鏈提升，塑造台灣地方特產亮點，提升台灣地方特產形象。

2018年主要執行項目：

1. 設置日月潭OTOP實體通路門市。

2. 設置OTOP地方特產購物網通路，協助地方特產業者進行網實整合行銷，以及辦理OTOP主題展銷活動。

3. 連結在地特色景點及當地特產廠商，規劃兼具在地文化深度及趣味性地方觀光旅程，藉由與交通及旅遊相關產業的結盟合作，提供旅遊資訊與優惠。

綜上所述，中央政府行政院所屬部會全力輔導，地方政府配合推動，創造台灣地方特產，進入國際化產業鏈。如：雲林古坑咖啡、虎尾蒜頭、台西文蛤、口湖烏魚子、四湖燒鰻。屏東萬巒豬腳、嘉義雞肉飯、台灣85℃咖啡、台灣的珍珠奶茶、台灣鬍鬚張魯肉飯……等，都在海內外創下廣大商機和市場。如果，將這些台灣地方特產+地方文化+地方觀光+網路行銷的OTOP都具有M IT品牌特色，連結國際化產業鏈，大可行銷全球。

台灣OTOP產業當前困境與政府採取的措施

一、經濟國際化與自由化的發展，國內市場大幅開放，面對中國，東南亞等開發中國家低價品強烈競爭，影響台灣產業與產品生存發展的空間，尤其具有文化背景的地方特色風格產品逐漸趨於沒落，極需專業人力與資源投入研發創新才能延續與保存。

二、因工商社會發達，IC、IT、AI產業興起，文創產業不受重視。地方居民外流謀生，傳統地方特產傳承無人，無法帶動地方經濟發展，尤其產值微少，不敵IC、IT、AI產值成為國家增加外匯的競爭力，使傳統文化與傳統工藝，如原住民部落因地處偏遠地區或高齡老化的師傅失去傳承。除非研創高附加價值產品，將來更不敵AI產業，因自動化的第4次產業革命，沖垮古老的傳統手工藝產業。

三、因具地方特色產品標的漸趨一致，如農產品和工藝產品，常因複製與模仿，忽略持續注入創意融入在地文化特色，多角化經營、多元化發展逐漸「齊質化」失去特色。

四、因缺少地方特色產業者之間，沒有有力的組織向政府採購受到限制，政府輔導不力，民間企業缺錢，無團隊組織，傳統經驗已無存，輔導工作在地無根，除了如日、韓，將人才當

國寶，將資源產品當國家文化財，立法加以保護，不易生存發展。例如休閒產業，在一般農地上轉型為民宿，原住民國民住宅如何轉型為民宿使用，現在都依法無據。

五、中央政府行政院各部會各吹各部會號角，預算、職權、推行措施多所重複，未能有效整合，沒有統一窗口，地方政府各靠本事（同黨）、本能（人際關係），各走各行門道，沒有系統性，沒有公開資訊，難以發揮中央與地方相乘綜效。

六、針對地方產業、地方特產評估機制至今尚未完整建立，自1989年中央政府投入千萬元輔導預算，而成果至今無法評估，地方居民無實得利益感受。

七、中小企業缺土地、廠房、設備抵押品向銀行融資難。地方產業多屬中小企業，業者資本有限，研發能力不足，要想擴大發展，資金不足，需向銀行貸款週轉營運，但缺少土地、廠房、機器設備做抵押品，不容易貸到資金。就算透過中小企業信保基金保證，手續繁雜費時，就算已有研創新產品可做TLO（Technology licensing organization）廠商願意量產，因需資金，卻常因融資無門錯失商機。

當今，行政院長蘇貞昌劍及履及、腳踏實地、接地氣、拚經濟。落實中小企業利多政策：

1. 經濟部投注9,000萬元，協助中小企業導入AI

2018年5月19日經濟部投注9,000萬元，協助中小企業導入AI，輔助製造業供應鏈導入AI（人工智慧）。2020年再增加預算，預計至2022年將輔導20處產業聚落，促成200家製造業共同合作。

經濟部工業局補助廠商安裝1,000台智慧上盒設備聯網，並與財政部進行協商在產業創新條例中，將廠商購入智慧機械設備納入研發抵減稅額。因為智慧製造核心就是善用數位化（IT）技術協助工廠機械化，整合軟硬體設備與資通信系統，建立各項投資與投資回報率間的正向與週期關係。因為中小企業以生產製造為中心，缺乏升級轉型所需人才，欠缺足夠能量及資源進行整體規劃。因此必須：

第一階段：透過供應鏈資訊串流，提高需求回應速度，加速生產效率，減少斷料風險。

第二階段：透過持續累積營運數字資料，導入AI應用，達到供需預測，提升訂單達交率等效益。

其推動對象是以年營收30億元以下的中小企業製造業為主，針對重點產業聚落，以共用平台或中心衛星廠合作模式推動，再持續擴散。

2. 中小企業1,000億融資保證專案，減輕中小企業融資利息

2019年4月10日經濟部調降中小企業信保基金保證手續費率，減輕中小企業貸款負擔，保證手續年費率調降0.125個百分點，最低保額保證手續費率從0.5%降至0.375%。

中小企業信用保證基金推出「中小企業千億融資保證專案」，針對實收資本額3,000萬元以下的中小企業，提供小額貸款擴大保證及批次保證兩專案服務，其中小額貸款擴大保證措施對於單一事業保證融資額度在50萬元以下者，加碼保證成數一律為95%。

信保基金推出本案，估計將協助超過5萬家中小企業自金融

機構取得總額約1,000億元融資。

3. 針對中小企業放款餘額，增逾3,000億元融資

　　2019年8月13日金管會公布今年上半年銀行對中小企業放款餘額爲6.59兆元，較去年同比增加3,077億元，銀行局表示，主要是政府推動台商資金回流政策，讓中小企業放款需求增加。

　　中小企業融資今年列入行政院重大金融政策之一，對中小企業的成長和發展，具積極有效功能。爲鼓勵銀行貸款給更多中小企業，金管會修正銀行辦理中小企業放款的考核方式，將過去「貸款金額」作爲考核基準，容易造成銀行核貸時有差別待遇，忽視中小微型營業額低的企業的需求，因此，新增「貸款放款戶數」作爲政策考評指標權種高達兩成。主要是行政院在政策上積極落實台商資金回台，帶動中小企業的放款需求增加，促成台灣中小企業的成長與發展，提升中小企業的國內外市場競爭力。

　　我國行政院如能效法1978年蔣經國總統執政，重用專業人才團隊治國，創造台灣經濟奇蹟。當年的靈魂人物孫運璿（行政院長）、李國鼎（經濟部長、財政部長）、尹仲容、陶聲洋等財經團隊，均具視野高瞻的國際宏觀。李國鼎被稱譽爲台灣的科技教父，他認爲在求富與求均之間，最迫切是先求富，但在求富中仍要預防不均「但預防不均的措施，不能激烈降低人民求富的意願。」爲了求富，以減稅負來激勵投資，創造就業，帶動經濟成長，爲了求均，加重富人所得稅率。

　　政府如能學習當年重視科技，才有今天台灣半導體產業站上世界經濟舞台。政府如能運用台灣創造「經濟奇蹟」經驗發展地方產業，雖然其產值不如大企業的太陽和月亮，但它像夜空上滿

天的星星，仍然熠熠照亮出台灣奇蹟「銀河經濟」明天的希望。

產、官、學、金、勞合作振興「地域力」，開拓台灣OTOP的未來。

日本的「都市力」在東京、京都、大阪。因交通便捷，江戶時代遺留的文化遺產吸引全世界觀光客擁集的國際都市。百貨公司林立，大賣場處處可見，生活便利。大學眾多、人口繁密、經濟、政治、教育文化精粹，工商繁榮，全是日本首府都市發展的軟硬體實力，日本價值的核心。

日本的「地域力」在大分縣，在北海道，就交通便捷，經濟繁榮，人口密度比不上東京、京都、大阪。但就教育文化軟體實力而言，大分縣別府市內的APU（立命館亞洲太平洋大學）一年招收800人大學生，其中日本籍的學生占一半，外國籍留學生占一半。以人數多寡排序為韓國、中國、台灣、越南、印尼、泰國等。泰國以清邁大學與日本APU大學交流學生為主，以人口數和留學生的人數比率計算，東京居全日本第一位，大分縣居第二位。東京是「都市力」，大分縣是「地域力」的象徵。「地域力」指的是優美的地域自然環境，山明水秀，森林茂密，綠草如茵，無汙染的水質，無塵土飛揚的天空。從無農藥的土地上獲得安全新鮮的食材，健康有機的食品。天然豐富的地域生態，優良的傳統文化，優質的教育環境，開闊優美的45公頃校園的APU大學，每年來自世界各國400位留學生，這是大分縣地域國際化的新力量，高品質的軟實力。日本的東京大學在東京都創造「都市力」，APU大學在大分縣，北海道在北海道大學同樣創造「地域力」，不全然像東京大學的「都市力」，同步進行振興地域，開發地域，活化地域，共同創造地域的軟實力，都是人類在沒有希

望的地方創造希望。

　　這裡指「地域」的意義，英文「Area」就是一般指的「地區，區域，地域，領域」相同的意含。台灣西部有雲嘉南地區、高屏地區、桃竹苗地區、北宜地區。東部有花東地區等不同「地域」在氣候、文化、民俗、民風、物產等各地域不同，包含原住民、閩南、客家、新住民等不同的歷史民俗文化的融合，產生地域共進化的力量。近年來政府推動新南向政策，不斷湧進台灣留學的東南亞地區的學生，擴大台灣許多大學國際化，以雲嘉南地區的私立環球科技大學現有來自東南亞各國學生652人，比同地區內的國立雲林科技大學和國立虎尾科技大學、私立中國醫藥大學北港分部還多，以雲林縣現有70萬的人口數比率計算，這些大學都不是靠「都市力」成長的，而是真正的振興「地域力」發展起來！同樣是國家教育文化地區軟實力的象徵。它比不上台北市、台中市、高雄市擁有許多現代化的大賣場、大百貨公司，繁華熱鬧，交通便捷，網路普遍的「都市力」。但在雲林縣內的這四所大學都是有堅強的國家教育文化的「地域軟實力」，同樣都具備改變台灣的軟實力，提升台灣向上的振興地域驅動力。

　　以地域文化，地域特產，地域體育與世界各地域接軌交流，促進「地域外交」，非國對國，同樣是地域對地域，發展地域教育，提升地域文化，同樣改變地域居民氣質，改善人民生活環境和生活品質。為擴大國際視野，留學生互相交流，以行動踏出地域，走向國際，尋找人生夢想，創造人生價值。

　　以政府的力量，民間企業的力量，地域大學的學術研發力量，金融支援力量，台灣人民勤勞樸實的勞動力量，產、官、學、金、勞合作推動OTOP地域特產，塑造地域特產品牌。培育

人才振興地域，活化地域，無中生有，以地域智慧開發創新地域產業。它不是地域「再生」而是地域「創生」　從「地域力」開發創新的地域特產OTOP的品牌，活化地域的象徵力量。

雲林OTOP（一鄉鎮一特產）上場，就是雲林「地域力」上揚，產、官、學、金、勞合作地域精品的昇華。雲林OTOP發光！台灣OTOP才能發亮！

台北、台中、高雄，是台灣「都市力」的光環。

雲嘉南、花東宜，是台灣「地域力」的亮點。

台灣發展OTOP要從雲嘉南地域的春風吹響，發展地域產業，繁榮經濟，安定社會，與地域居民共榮共享，以產、官、學、金、勞合作做共同基礎，促進台灣經濟發展，地域產業是未來台灣經濟發展和成長的強心劑。

第三節　台灣OTOP產業未來發展策略

　　地方產業發展為國家經濟發展的基礎，在國際化、全球化已成經濟發展圖騰符碼，是中央政府財政與地方經濟的命脈活泉。今後，中央政府發展地方特產應重新調整政策再出發：

一、中央政府應投注經費與學術研究機構及企業界產官學研合作，研發創新產品精緻化、高價值化

　　地方特產不能停留在傳統工藝和農漁產品的自然演化中、歷史傳承雖然能保持淳樸古早味特色，但已不能完全適合全球化的口味，雖特殊並不新奇，無法滿足新世代所需求的風味，僅靠複製或模仿無法與國際化低價品競爭。

　　今後應朝高質化、精緻化的方向發展，引進高科技的先進技術，如電腦與手機，要在產品材質或製程上研發創新才能與國外產品區隔，不斷提升競爭力，並以國際化、全球化為目標市場的願景。要完全以全世界消費者的口味設計包裝，具傳統文化特色又符合全球消費者品味的產品。

　　如能仿效泰國、日本模式，引進世界知名設計大師，設計歐美風格的工藝特色產品高質美感，為全球消費者所能接受的產品，如法國的香水、義大利的女性長統皮鞋，長久風行全球不

衰。聘請世界地方特產設計名家來設計台灣地方特產，同時帶動我國地方特色產品設計理念的改變。

二、利用互聯網＋地方產業擴大全球網路行銷管道

地方特色產業的業者多屬中小企業，包括微型小型企業在行銷拓展能力和資訊相對不足，在內銷多透過宗教、藝術、文化活動吸引觀光人潮，拓銷地方特產如伴手禮等，因為時期短、效果差，非永續性行銷。

如何引進人潮成為常態觀光消費者帶進錢潮，才能持續獲利長久拓銷到國內外。如定期舉辦「國際地方特產展銷會」配合我國外貿協會駐各國商辦單位與各地華僑族群共同舉辦效果更佳。

唯國內外廣大市場，行銷腳步不可能一一到達，只有靠現代化的互聯網路行銷才能提升台灣地方特產的形象和知名度，提高特產品質和國際競爭力。

三、中央及縣市政府應設立地方產業發展基金，有計畫培育地方特色產業經營管理人才

依據我國中小企業發展條例第二十四條之一：為協助發展地方特色產業，政府得設立基金。

知識經濟時代，製造產品不僅要計算成本，更要計較人才和研發，比計算產品成本更重要。

當前台灣因少子化，2019年雲林縣有76所小學學生人數都在100人以下。嘉義縣全縣122所國小，其中48所國小今年畢業生為個位數，竹崎鄉光華國小和沙坑國小只有1位畢業生。針對全國中小學多餘的教室空間，政府應該採取有效措施，免費提供返鄉

創業的青年（鮭魚返鄉），不必花錢買土地、蓋廠房、建倉庫。准予在多餘的教室內搬上設備立即可以生產，廣大的運動場更可提供給：如新竹地區創業者晒米粉、晒柿子，雲林口湖、四湖地區晒烏魚子、做鰻魚燒；在教室內架設網路行銷地方特產。做為師生學習實習，培育人才的教學實習場所，非營利商場。

　　日本、韓國在海邊中小學運動場晒海苔，在山區晒柿子，利用中小學多餘的空教室做製造產品的廠房或倉庫等措施，台灣都可仿效。同時同地更可以讓中小學生參與實習體驗，「打鐵趁熱」從小培育中小企業的創業幼苗，從國小一路到國中、高中職校、科技大學，培育一人一技之長做發展地方產業優秀的技職人才。

　　在特產走向國際化，台灣的地方特產已有能力使人才走向國際競爭行銷，台灣的人才更可以配合政府的政策協助東南亞開發中的國家培訓種子技術人才，不然中國將投入1,000億人民幣大量培訓技職人才，為國內所用並支援東南亞各國協助經濟開發，將來台灣要用什麼方法與中國競爭東南亞市場？

　　現在的台灣高教培育技職人才，唯一環球科技大學管理學院設立中小企業經營策略管理研究所碩士班，自2003年創設開始培育中小企業經營管理人才，已經有456位入學碩士畢業生，97%就業創業。尤其在地方產業，翻轉社區，結合文化產業，透過網路行銷地方特產，觀光結合特產擴大推動台灣的一鄉鎮一特產（OTOP）成功的事實。從2006-2019年，每年碩士生赴日本明治大學、拓殖大學、山形大學進行學術交流，發表論文，參訪日本中小企業，績效斐然。

四、研發創新提升地方特色產品品質高值化

台灣地方特產的中小企業多屬弱勢產業，研發經費和人才均不足，中央政府應將研發經費補助大學或學術研究機構產學合作，研發創新產品，從業者的創意、創新、規劃設計、研發生產，產品行銷到建立品牌進入市場營運等全力投入實質輔導，提升產品獨特性、精緻化、增加拓展地方特產的實質成效。

由於地方資源有限，如何促使研發創新發揮最大的效益，應先將地方特色產業分級，對具有國際化競爭力的產品除以「配合款」方式獎勵業者加強研發之外，並將符合特產標章作為正記精品表徵。對於未達國際水準的產品，繼續委託大學或學術研究機構研發，注入各種在地人文、歷史、民俗文化的精神，彰顯地方產業特色，提高品質，使產品高值化。

在這方面，日本和泰國都有許多成功的案例值得台灣學習仿效，尤其泰國在2018-2019年吸引4,000萬觀光客人潮來消費，地方特產產值達1,000億元泰銖（約新台幣1,000億元）。

五、各縣市政府應創設培訓在地榮退軍公教人員，組成在地產業發展輔導團

整合全國性地方特色產業輔導政策，借重榮退軍公教人員素質好、水準高，如經政府加以專業培訓，它們又十分了解當地風土、人文、民情、風俗，對當地產業認同情誼，及其愛鄉愛土情懷，若賦予輔導當地產業發展的義工榮譽，隨時都可接受業者的諮詢，就近方便進行有效輔導、長期凝聚共識。其能達成「新故鄉社區營造計畫」活化地方經濟的目標，循序漸進，並整合地方資源進一步成為整合地方的人才智慧，將文化創意與美學結合地

方產業,更可提升居民生活品質。

　　推動國家經濟政策,中央部會不能各搞各的,中央政府應召開跨部會會議整合全國資源,統合分配運用,協調一致,發揮綜效。如能參考中國中共中央每年定期召開中央經濟工作會議,檢討過去一年經濟政策執行成效,決定來年經濟發展策略,落實到全國各地強化與地方的互信、互助、互動的合作關係,達成共同目標,發揮地方特色產業輔導政策的效果。

六、中央政府每年定期展開全國性的地方特色產業普查和建立資料庫提供國內外投資業者資訊選擇

　　中央政府有計畫擬定分級發展台灣地方特色產業,針對台灣地方特色產業普查得出的成果,依其產品特色的品值成熟度等加以分級。如:可比照泰國分為供外銷,有潛力外銷或適合內銷的特色產品,或依照文化、產業、研發、服務、行銷,景觀形象或硬體建設等屬性,營造特色,進行不同階段的輔導規劃,使尚未具有特色的地方產業,從文化面或產業面逐漸開發出創新產品的特色。

　　對已具特色的地方產業,由各級政府在產品開發與景觀形象上協助改善,擴大周邊規模。至於已經具國際競爭力的產品,則藉由包裝與產品形象設計及國際行銷達到立足全球的地位。惟各級地方特色產業都必須結合硬體建設與觀光資源才能塑造彰顯地方產業特色。

　　經過中央政府有深度與廣度的輔導,對地方產業特性與成熟度等加以分級,對其不足部分提供必要的協助,透過地方政府進行深入普查,篩選其中具開發潛力或代表性產業,分析特色產品

的價值鏈，作各部會輔導與推廣的依據，同時建立有系統的地方特產資料庫，提供國內外有意投資的業者最新資訊，使投資的業者有多樣選擇的機會。全球投資者，透過網路，隨時了解掌握台灣地方產業最新資訊，進行評估選擇投資項目。

建立地方特色產業評估指標，地方產業種類不同，各具代表地方特色。因此，在進行全國普查分級時，同時建立評估指標。如維一性是否在當地具有領導地位或具有知名度？是否具有人文或自然景觀特色？是否具有市場競爭力或具有國際競爭力？建立標竿型或旗艦型地方特色產業典範，為地方特色產品建立長久信用的品牌尤其重要。

七、推動台灣地方特色產品國際化

在經濟全球化的浪潮下，將地方特產塑造出台灣本土特色，結合美學藝術設計建立MIT品牌標章，透過網路行銷國際。

可以學習泰國、越南邀請義大利、法國的一流知名藝術設計家來台灣設計地方特產，將台灣地方特色產品銷往歐美，因歐美文化品質為具有國際一流水準及創意創新精緻產品的國家，台灣地方特產符合他們文化風味，尤其舉辦國際性的展銷會，展現國際形象廣告，形象包裝，如台灣原住民十多族各具特殊文化特色的手工藝產品，都可以和美國印第安人、日本北海道矮奴族手工藝產品平起平坐、毫不遜色，大可行銷國際。

1. 台灣設計藝術國際化

台灣邀請海內外知名藝術家設計屏東縣元宵花燈，台灣於2019年在屏東舉辦元宵花燈展，海內外知名設計大師注入創意創

新，依據屏東在地歷史、文化、民俗、風土，將其中的精華落實到文化創意創新的元宵花燈特色，吸引300萬觀光客的人潮，帶來滾滾錢潮，確實是台灣地方特產配合觀光成功案例的最好見證。

2020年「台灣設計研究院」設立，未來透過中央與地方合作，將設計擴散到台灣的每個角落，提升人民生活品質，讓MIT變DIT揚名全球。產、官、學、研合作，將設計進入各產業，創造產品價值，帶動創新質變，運用設計改變台灣。

「設計力」不僅是國力的展現也是台灣下一階段國家競爭力量重要的來源，更要把設計力融入台灣的強項製造業中，運用設計提升產品及服務的水準去開拓海外市場。過去台灣以MIT聞名世界，未來要以新的名詞「DIT. Designed in Taiwan」揚名全球。

台灣設計服務業十數年來，整體產值由2003年的363億元，翻倍成長至2017年的676億元。將台灣設計創意能量與台灣產業緊密結合，促進台灣產業持續創新，突破成長。

2. 台灣地方特產國際化

2018年我國行政院經濟部中小企業處推動地方特色產業國際化，輔導以台灣OTOP品牌共同標示形象並整合相關產業聯盟組織，媒合國際通路合作等方式，促進台灣地方特色產業走向國際化，落實OTOP產品持續販售與在地回饋。以加拿大、美國、新加坡、香港、中國、馬來西亞及菲律賓等不同海外市場為目標，甄選具國際市場發展潛力之廠商與產品。主要執行下列兩項重點：

(1)拓展國際市場通路：海外參展，拓展通路，媒合商機。

(2)厚植國際化能量：針對具國際化發展潛力之企業，提供診斷服務，協助拓展國際市場。

以台灣經濟發展現在國際舞台的能量，輔導地方產業國際化行銷台灣地方特產的力道顯然不到位，與鄰近的日本、泰國比較顯示績效不彰。今後，中央政府應協助各縣市政府主動從地方走向國際，配合我國經濟部外貿協會主動出擊行銷全球，促進地方產業的發展，擴大世界市場增加商機。

八、中央政府年年要組團邀集各級政府官員和民間地方產業的業者，地方特產研究人員出國考察學習

中國經濟發展的動力，始於1978年鄧小平倡導的經濟改革開放政策。他強調建設是硬道理，發展經濟像摸石頭過河，不問黑貓、白貓能抓到老鼠就是好貓，先讓一部分人先富有起來，再擴大到大多數人富有起來。但要達成此目標，鄧小平再三強調要先派人到歐美、日本、台灣地區等地方學習先進國家制度、管理、技術……才能使經濟發展日新又新，尤其要重視研發創新。至今中國成為世界第二大經濟體，是集團的創造非鄧小平一人所能，組織團隊出國考察學習先進國家是經濟發展的硬道理。

我們可派人組團出去看看以色列，沒有任何資源的以色列，自1948年建國以來70年，把荒漠變農場，是美國矽谷之外的最大創業中心源頭，以色列菁英創造新奇蹟，能源科技，發揮創意是創新關鍵。以色列青年從軍，受「泰培歐（Talpiot）」計畫，培養他們超脫凡俗的思維，融入軍事和科學基礎訓練，退伍後，許多人把在軍中習得的技藝運用到以色列經濟，在以色列國內外創

造數千億美元的財富和數萬個就業機會。以色列以「腦力」資產的「質」去補「量」資源的不足。

九、中央政府每年定期舉辦台灣地方特產「國際嘉年華會」展銷活動

中央政府做決策、計畫輔導、普查、評比、資源整合、跨部會合作，建立審查機制，設立地方特產資料庫。更要避免政府資源重複投入、重整產業政策，從促進地方經濟發展，輔導地方產業轉型升級，將過去「挑戰2008國家發展重點計畫」、「六星計畫」融合現代化、科技化去蕪存菁，促使地方特產精緻化、文化化、藝術化成為人文素質高的生活「明珠」產品，使台灣地方特產在國際上發光發亮。

茲將其可行的方法分述如下：

1. 比照ASEAN+3東協10國+日本、韓國+中國，每年在ASEAN總部中國廣西省南寧市舉辦「ASEAN+3」及其他地區地方特產展銷會。中國總理李克強曾在2000位參加的各國代表大會發表演說，強調地方特產中小企業國際化是中國和ASEAN各國未來共同努力的目標。在一週展銷期，約有1,000個攤位，台灣由外貿協會代表邀請台灣代表性廠商參加。讓展銷會每年吸引500萬以上來自世界各國觀光客參觀並下購買訂單，人山人海，盛況空前。

2. 第一屆台灣地方特產國際嘉年華會可選在桃園市巨蛋舉辦。同時邀請國際音樂歌舞團隊，配合台灣本土如「春吶」年輕人歌唱團隊，各縣市原住民、新住民、閩南人、客家人的地方民謠、歌舞、花車、日夜進行遊行宣

傳各地方特產，如巴西每年舉行的嘉年華會歌舞花車遊行，吸引國內外觀光人潮，帶來各國企業財團訂單錢潮。

3. 台灣地方特產國際嘉年華會，開幕時請中華民國總統比照美國總統每年在中小企業週（Small Business Week）活動開幕時，發表總統中小企業政策諮文，宣布台灣中小企業重大發展政策和對未來展望，昭告國內外千千萬萬的企業主，並由行政院長宣布中央政府落實總統宣布的中小企業政策，經濟部長報告中央政府年度列入的中小企業預算，如何補助地方政府，推動地方產業經費。首先由台灣六都院轄市政府輪流主辦，邀請其他21縣市政府參與和世界各國重視中小企業的 地方政府參加。經濟部長宣布今年參選的地方特優產品，獎勵由全國選拔的優良廠商，大學學術單位學者專家獎項及有貢獻的政府公務人員（包含地方政府），中小企業轉導人員（含義工等）及所有經濟部中小企業處年年表揚獎勵的全部獎勵項目一次頒發。閉幕時由經濟部長發表下屆主辦縣市並授予大會會旗。

4. 大會同時選拔台灣地方特產「台灣精品」代表台灣參加各國世界性的地方特產中小企業產品展銷會（如第三義大利世界手工藝精品展銷會）」，提升國內各地方特產競爭力，年年研發創新產品，提升品質增強國際競爭力，展現遍布全球台灣驚人的經濟實力，塑造全球MIT台灣品牌形象。

5. 同時每年委請大學同時舉辦國際地方產業發展學術論

壇，邀請各國地方產業中小企業專家學者和企業家共同
參與，在一週內將理論（論壇）結合實務（國際地方產
品會展）讓全世界地方產業業者和學術界人士湧進台
灣，認識台灣經濟發展全貌，讓台灣地方產業走出世
界，了解世界，讓世界了解台灣，雙向交流，提升台灣
地方特產的知名度，增加國際競爭力，讓台灣地方特產
邁向2030年台灣經濟發展的黃金十年，在世界的經濟舞
台上發光發亮。

十、中央政府要放下P+M給地方縣市政府全力發展地方產業

中央政府要將P+M（Power & Money）（權力+金錢）下放
給各縣市地方政府，主動積極推動它們本地的地方產業才能血肉
相連、息息相關，才能真正權責分明、有效落實，而非將P+M
完全都操控在中央政府手中緊握不放，對地方產業發展隔靴搔
癢，讓地方產業的發展不痛不癢，地方產業永遠僅是一個「名
詞」掛在中央與地方政府官員嘴邊，永遠隨著各種選舉的政治口
號搖來搖去，永遠無助於地方經濟的發展。

中央政府應全力推動產、官、學、金、勞合作，振興地域，
繁榮經濟，共榮共享。

中央政府深耕地域活化產業，必須把握共同目標，八大基本
要素，建立共同基礎。依據筆者多年研究日本地域經濟創生成果
和成功經驗，將其事實構表分述如下：

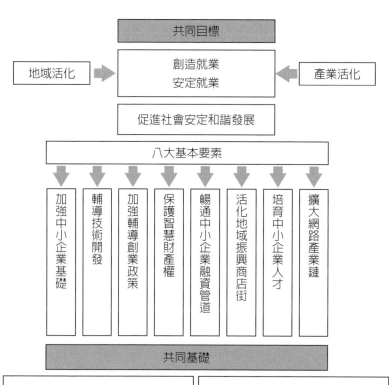

中央深耕地域產業活化構成要件

資料來源：《地域からの經濟再生》（橘川武郎，2005，有斐閣）；許文志譯，
　　　　研究整理，2020.7。

第七章
發展地域產業
繁榮地方經濟

第一節　創業與創新從微型企業開始

　　創業家（Entrepreneur）指開創或創新經營一家企業的人，不分大、中、小或微型企業的創業或創新，可以從企業管理角度、基本能力、創業家精神等三方面來研究觀察創業家成功的特質。

一、從企業管理角度分析，創業家具備有

　　1. 使命感

　　2. 願景

　　3. 熱情

　　4. 獨立自主

　　5. 目標意識

　　6. 忍耐度（抗壓力）

　　7. 自信心

　　8. 良好的人際關係

　　9. 自制能力（自我情緒管理的能力）

　　10. 對不確定性之包容度

　　11. 危機處理能力

二、從企業家的基本能力分析它成功的條件，在創業前具備

1. 高學歷（與創業相關的專業學力最好）
2. 持有相關產業證照資格
3. 持有企業相關資訊的來源
4. 曾在企業就業過的經驗
5. 充分了解市場導向
6. 曾有中小企業管理的經歷
7. 具有應用網際網路的能力
8. 具有國際語言應用的能力
9. 擁有某種專利持有者
10. 承傳某種地方特色產品無可替代的製造技術和祕方

三、從創業家精神層面分析，創業因素特強的基本條件

1. 高瞻遠矚
2. 冒險創新
3. 堅強意志
4. 堅強耐力
5. 堅強毅力
6. 抗壓力強
7. 遠大願景
8. 特殊的宗教、文化、歷史、風土民俗的思維
9. 知識經濟高科技的產業思維
10. 低學歷與高學歷的經營理念（台灣經營之神——王永慶 vs.經營之聖——張忠謀。日本經營之神——松下幸之助

vs.經營之聖——稻盛和夫。）

四、創設新事業必要條件

1. 創投型中小企業內部所需之必要條件

    (1)在企業經營方面具有可觀的評價管理能力

    (2)累積對市場本質的認識與行銷能力

    (3)徹底理解技術之必要性

    (4)資金籌募與調度能力

    (5)具有產品或服務的創新與特殊性

    (6)了解各種企業規範限制之法律問題

    (7)確保具有技術層面上支援企業經營之人才與建構組織之能力

    (8)確保具有經營層面上支援企業經營之人才與建構組織之能力

    (9)認識與確立經營理念

    (10) 充分了解政府的產業政策與措施

    (11) 國際觀及國際化思維確實掌握國際產業資訊

    其他發掘潛力、開拓市場能力、技術力、營業力、企劃力、研發力、經營力、財務管理能力、人際網路、企業網路、創新能力、危機處理能力均要建立因應之企業組織。

2. 創投型中小企業外部所需之必要條件

    在產業群聚（Cluster）地域創業，成功發展的比率較高，但對下列軟、硬體與社會性產業基礎設施要有統合集中之能力。

製造業	中小企業、廠商
勞動人口	工匠、工程師、研發人員、作業員
原材料	加工業
零組件	組裝用
生產設備	機器、研發設備與設施
金融資本	投資家、出資家、銀行家
交通與資訊系統	鐵路、高速資訊通訊網路、幹道、高速公路、港口機場

資料來源：創業與創新管理　製表：許文志 2007.11.1

　　總之，即使IT普遍化的今日，在美國矽谷、英國劍橋、日本東京大田區、台灣的新竹科學工業園區等特定地域，都是具備先進技術型中小企業群聚集中的產業地域。

第二節　微型企業

一、微型企業的定義

　　我國於民國80年（1991年）2月4日總統令公布之「中小企業發展條例」並未將「微型企業」列入條文。惟在民國80年10月19日行政院台80經33054號函核定「中小企業認定標準」第三條「本條例第四條第二項所稱小規模企業，係指中小企業中經常僱用員工數未滿5人之事業。」可見微型企業在我國80年代尚未受到重視，僅在僱用員工人數未滿5人的小規模企業規定符合現在微型企業的經營特徵之一而已。

　　可以說微型企業是到了20世紀後期，各國政府因為要協助開發中國家的勞動者脫離貧窮才逐漸受到重視。在我國當前還是認定為「小規模企業」所以將「微型企業」視為比中小企業更為小型的企業組織，是一種以獲得營業收入為動力的自營工作者的營運模式，例如以獨資或合夥經營的自僱工作者，個人工作室及一人型企業，小型企業等，均可以「微型企業」（micro enterprise）來稱呼。

　　世界各國對微型企業並無統一的定義，我國鄰近的世界經濟大國的日本稱之謂「零細企業」，中國和我國一樣稱之謂「微型企業」，中國已將微型企業列入為中小企業標準中，日本早就

重視之。OECD（經濟合作與發展組織）國家以員工人數在10人以下的企業認定爲「微型企業」，而2002年亞太經濟合作組織（APEC）所舉辦微小企業高階會議中將微型企業定義爲：「員工人數5人以下，包括自營工作者及1人公司等企業」。

另依據我國經濟部中小企業處於民國91年（2002年）頒定的「微型企業創業貸款要點」中之規定，微型企業係指依法辦理登記的事業組織，不分產業，員工未滿（不含）5人者之企業，因此只要是員工少於5人的小型企業，不論是一人型企業，個人工作室亦或是獨資、合夥經營的自僱工作者，都可稱爲「微型企業」。

二、微型企業的功能與特徵

微型企業家數眾多，通常是中大企業供應鏈的最後一哩，是創造就業機會的重要引擎也是穩定社會發展、提供就業、促進社會安定，幸福與樂活的重要基礎。

開發中國家之所以重視微型企業的主要目的是爲了發揮「消滅貧窮」的功能，含有社會救助之意涵，微型企業的資本和資產都很有限，通常多半使用簡單的技術從事勞力密集的生產或服務，所使用的原物料多數就地取材，產品也在當地銷售，符合地域產業發展原理，地產地銷的原則。在開發中國家從事微型企業的勞動力，通常占總勞動力相當大的比率，有些高達百分之七十以上，但就已開發國家的微型企業只有部分功能在於消滅貧窮，較多部分的功能是以發展新事業爲主，如發展新的服務業。

微型企業就其經營特色，據多數專家學者研究結果，大約有以下的方式和行業。

1. 家族經營：住商同地、祖孫相傳、三代同堂、客廳即工廠。
2. 勞力密集：如傳統手工藝、刺繡、一針一線都用人工親手編織而成。
3. 地產地銷：製造產品的材料當地自產，自銷到當地市場。
4. 低成本、低能源：製造產品的原料多數自家生產，成本低、所耗能源少、甚至不必科學能源成本、如晒米粉利用太陽光，產地距市場近、交通運輸成本低。
5. 行業集中：多數為製造業、零售業、服務業、管理方便。
6. 傳統產業，知識經濟成分低，廣泛分布在山區或海邊部落村莊中，傳統繼承性高。

三、台灣微型企業的成長與發展

台灣中小企業發展迅速，自1950年以來成長與發展成功的經驗豐富，從早年的勞力密集，技術密集，資本密集，到今天的創意密集，一路走來，始終如一，不斷的創業創新，尤其因為教育發達，大學普遍化，教育水準提高，知識經濟愈來愈發達，特別在服務業的成長與發展突飛猛進，在總產業比率中占78%高成長產業。台灣微型企業的發展已符合已開發國家標準，以發展創新事業為主。其發展原因可分外因與內因兩大重要原因分述之。

1. 外因因素：主要在於中國經濟的崛起，自1978年鄧小平南巡倡導開放改革40多年以來，建設是硬道理，超英趕美雖未全願，但以超英、法、德、日成為僅次美國的世界第二大經濟體，強勢的人民幣已經和美元平起平坐，

在世界各地經濟危機解決困難中都扮演重要角色。所以，由於中國近在台灣的大門口，其強大的磁吸作用導致台灣產業外移，台灣中高齡及婦女失業人口逐年攀升，又有42萬新住民占據勞動市場尋職不易，所以台灣的失業率經常都在4%以上，5%以下徘徊。

因此，發展微型企業提升就業率成爲當務之急，尤其以服務業爲主紛紛走向以微型企業型態創業。加上台灣人民的刻苦耐勞的精神，多數人資金不足，開始以微型企業爲創業目標，促進微型企業的快速成長。

2. 內因因素：台灣土地狹小，資源有限97%來自外國，成本高，不符合低成本原理，而發展微型企業多以本地自產原料，地產地銷，所以前行政院陳冲院長把握中小企業發展的重點，就「三中」：中南部，中低層，中小企業爲重點提出「傳產維新」計畫，全力推動中小企業的地方特色產業，創新產業，增加就業機會、安定社會，強調人民的幸福指數而非僅爲提升GDP與GNP，強調應積極提升人民幸福度，今後每年政府將公布人民幸福指數作爲努力施政的方向。

另外，台灣經濟發展走到現在仍然以科技產業、IT、IC、AI產業爲主流，因此在世界上已占有舉足輕重的地位，亦即知識經濟發展快速，台灣經濟發展的自由化，國際化，加上網路資訊科技快速普及，網路創業變得很容易，只要擁有相關技能人士在累積一定資金後，投入自我實現人生價值觀；自己創業，尤其女性創業趨勢更符合微型企業發展，微型企業漸漸形成青年與婦女創業的新潮流。因

為，微型企業是一種「有感經濟」，雖然微型企業薄利，但它實在實用，完全符合財富的公平正義分配原理，財富平均靠自己汗水努力的結果，所以微型企業經營是「流淚撒種的，必歡呼收割」的真實寫照。

四、台灣微型企業發展現況

1. 量化的優勢，數字可以證明

依據行政院主計處2006年「工商及服務業企業單位數按從業員工人數規模別分」普查結果：顯示微型企業占產業鏈中的重要地位。

微型企業發展現況	
微型企業家數約占整體企業家數	72%
微型企業就業人數約有	149萬人
微型企業僱用人數未滿5人者	86萬家
微型企業每年成長20%（預估）	100萬家（2011年）
微型企業年生產總額占整體經濟	12%
微型企業年附加價值率	58.8%
經濟生產整體平均附加價值率	39.25%
中小企業整體平均附加價值率	40.75%
大企業整體平均附加價值率	38.2%

資料來源：經濟部

特色：1. 創造就業機會快
　　　2. 自力更生時間快
　　　3. 成長發展速度快

2. 微型企業分布於鄉鎮多於都會區或工商不發達或離島地區

微型企業分布於鄉鎮地區	占70%
微型企業分布於工商不發達或離島地區	占90%
微型企業分布於台北市最低	缺具體比率

資料來源：經濟部

3. 微型企業以服務業居多，占最大優勢

微型企業中屬於服務業部分約占		85%
微型企業屬於工業部分約占		15%
各行業中比率 微型企業所占 比率	服務業	94.6%
	住宿及餐飲業	89.4%
	藝術娛樂及休閒服務業	87.4%
	專業科技技術服務業	84.4%
	批發零售業	84%

資料來源：經濟部

4. 地方特色產業大多為微型企業

中小企業處推動的地方特色產業，經濟部商業司推動的街市商圈，大多以微型企業為主，因為微型企業面對市場的競爭，在商品上必須要有獨特的區隔，在服務上必須要有良好的態度和特殊性，這些在地方特色產業的點點滴滴雖然微小但都具特色。

5. 現實的弱勢、先天的不足，後繼無力的現況

日本中小企業學者百瀨惠夫教授指出中小企業是弱勢的企業，中小企業是靠「打點滴」的企業，銀行對待中小企業「下雨

時收傘」、「晴天時撐傘」，因為中小企業尤其是微型企業在經營困難時要向銀行融資幾乎是不可能，主要原因在於業者沒有抵押品（土地、廠房、機器、股票、證券等）。微型企業幾乎沒有地位，沒有願景，在促進產業全方位創新發展上，沒有力量去因應國際產業發展趨勢與挑戰，在本土區域產業發展平衡上也沒有地位。

行政院已於2011年5月9日依據產業創新條例規定頒布產業發展綱領，我國將以追求下列三大經濟發展的願景，展現未來黃金十年的榮景：

(1)提升國際經貿地位

(2)促進區域均衡發展

(3)轉型多元產業結構

這些都是微型企業未來發展途中遙不可及的境地。微型企業何能何力？何去何從？只有靠政府全方位為微型企業「打點滴」方有可為之。當前首要就是要先立法保護它的地位，尤其解決其企業融資的困難。

五、當前我國政府針對微型企業的積極作為

鼓勵青年返鄉創業啟動金最高可貸200萬，利率不逾3%。經濟部2012年起將大力輔導「微型企業」預定培育10萬家個人事業，創造30萬個就業機會。

經濟部中小企業處以往輔導對象以中小企業為主；但中小企業處前處長賴杉桂指出，今年（2012年）起將大力輔導「微型企業」並研擬新增「青年返鄉創業貸款」，首次新增「創業啟動金」，每人申請最高度可達200萬元。

中小企業處將新增「全方位事業服務中心」結合既有創業輔導資源，預定2015年前培育10萬家個人事業，創造30萬個就業機會。

中小企業處政策規劃組前組長陳國樑強調，未來個人事業發展計畫將鎖定「微型企業」，即員工未滿5人事業體，個人工作室，未辦理公司或商業登記的商號，例如：產品設計、APP開發等「專門設計服務業」，高階積體電路設計、汽車開發設計等新興策略性產業也在優先輔導之列；不過攤販因為已經受地方政府輔導而排除。

中小企業處開辦「青年返鄉創業貸款」為鼓勵青年返鄉或到中、南、東部及離島地區創業，不同於以往需等公司成立之後才能向銀行申請低利融資，經濟部將創立「創業啓動金」制度，在公司成立或辦理登記之前就可以辦理申貸，讓青年不必為籌措創業「第一桶金」煩惱，最高可申貸200萬元。

為促進數位學習，中小企業處也推出「數位關懷計畫」、提供微型企業數位能力提升培訓課程，包括虛擬通路運用、網路行銷、降低個人事業營運成本，提高營運效率。中小企業將從創業每一環節，從諮詢、診斷或協助商機媒合即轉介建構開放的交流平台，擴大既有創業輔導計畫力道。

另外，勞動部、經濟部推出相關的微型貸款，財政部支持補貼。財政部台企銀提出微型企業貸款規劃；包括利率、貸款額度上限均有規定。另外，財政部准許公股行庫、尤其偏遠地區，可以聘用大學生或研究生為公司辦理稅籍登記，主動尋找客戶，爭取商機，提供資訊。

茲將經濟部微型企業個人事業發展推動方案簡介於下：

個人事業發展推動方案		
	青年返鄉創業貸款	火金姑專案	數位學習、數位關懷
屬性	財務融通	財務融通	知識資訊
對象	有意返鄉或赴中、南東部、離島地區創業青年	行號、攤商或創業個人等小規模商業者	SOHO族、微型企業
時間	到101.12（暫定）	經常性	101年到104年
提供輔導措施	將給予最高保證金成數9成5、最高200萬元貸款額度	透過信保基金高保證成數提高銀行對微型企業承貸誘因	數位能力提升培訓課程，如虛擬通路應用、網路行銷

資料來源：經濟部

第三節　創意、創業、創新

一、如何創業

1. 為什麼要創業

   (1)動機

   (2)目的

2. 先就創業家特質做為自我評鑑

3. 評鑑結果最少有80分以上可著手創業，成功率較高。

4. 著手創業的重要步驟

   (1)計畫：具體、務實、效益

   (2)實地：調查、評估、觀察、做SWOT分析

   (3)找對人比做對事重要

   (4)資金、現金與融資或無中生有，微本微利

   (5)知識、夢想、熱忱～成功創業家三要素

5. 創業從何開始？

   (1)學習騎腳踏車載一斗米服務到家開始的

   　　王永慶－台灣經營之神

   (2)學習從賣荣小童到台灣首富人生之路的

   　　蔡萬霖－只要堅持

   　　「沒有比腳更遠的路，沒有比人更高的山，只要堅持

就會走到」。

(3) 學習從一杯咖啡開始的日本青年松田公太

「過去不曾有人走過的路並不表示你就不能走走看」。

(4) 無私的開創、學習高清愿從當布行囝仔工賺錢養母親開始，開創「統一產業」王國。

(5) 學習從一個茶葉蛋開始

徐重仁－改變一生的相逢，創造7-Eleven。

(6) 學習從慈母懷中30萬元標會錢開始創業

建立郭台銘的鴻海帝國。

創造歐洲布拉格春天的城堡。

併購日本夏普企業轟動世界。

(7) 學習瑪莎創業法則

Martha stewart把小小的外燴公司變成了美國最大的生活風格產業事業體，她的奇蹟就如同資訊界的比爾‧蓋茲（Bill Gates）從無到有的創業過程。她成功最重要的因素就是夢想與熱情－就是美國夢的本質，追求成功與卓越，先找到自己獨特的才能，找到社會趨勢的方向，建立自己的品牌再加以足夠的野心為燃料全力以赴工作。

瑪莎創業法則，簡言之以熱情、專注、周延、分享、技巧、巧思及創意、品質、團隊、正面思考、專心、傾聽。

美國自1987年至1996年之間，女性經營的公司家數增加78%，占全美企業總數37%。從「小企業（微型企業）微利」出

發是其成功特徵。美國所有的工作機會幾乎都是小公司（微型企業）創造的。二次世界大戰之後50%的創新，49%的重大發明都是來自小微型的新興公司。

　　創業要學習蜘蛛織網的細密（軟體的成功），學習海鷗腳踏實地（硬體的成功）。學習上窮碧落下黃泉，動手動腳找資源。在地方產業上，創新經濟、創新工作、創新財富。

　　最後，您在人生旅途上徬徨落寞的時候看看前惠普執行長卡莉・菲奧莉娜（Carly Fiorina）的回憶錄，她從一位地產公司的工讀生開始做了勇敢抉擇放棄大學學業，踏實去尋找夢想達成願景。然後您現在就開始創業吧！

二、個案分析

1. 個案分析之一：從一杯咖啡開始

松田公太（Kouta Mastuda）

- ・ 創意：創造日本食品文化
- ・ 創新：超越美國西雅圖星巴克咖啡
- ・ 創業：Tully's日本味
- ・ 附加價值：研發服務業核心（微笑、聊天）
- ・ 附加價值：服務態度與顧客聊天，不斷研發青年和婦女喜歡的口味。
- ・ 每天一家咖啡店的顧客約1,000-1,100人入店。
- ・ 人才是公司的一切資產，「笑容」也是從訓練創造出來的人的資產。
- ・ 2002年三月正式員工123人，計時員工1,000人。

- 員工平均年齡28歲。
- 股票上市5億日圓，調度可用到數百億（1股股本16萬日圓，每年成長30%，上市第一天每股32萬日圓，不到一年每股47萬日圓）。
- 創業方法：設立好目標後就要開始行動，必須累積經驗，與其在腦袋裡找結論不如一邊行動一邊思考才能讓各種感官充分運作；一百個道理比不上一項行動來得有效果。
- 平凡上班族開創150家店面的成功傳奇。
- 資金、人脈、經驗一無所有的普通上班族，28歲白手起家，32歲帶領公司股票上市，35歲以150家Tully's Coffee Japan（日本泰利咖啡）分店成為星巴克的頭號勁敵。
- 松田公太（Kouta Mastuda）1968年12月3日誕生於日本宮城縣鹽釜市。
- 創業地點：日本東京銀座
- 創業時間：1997年07月
- 資本額：7,800萬日圓（約2,340萬台幣）銀行融資60%
- 資金來源：向親戚和銀行融資籌借
- 工作經驗：三和銀行6年負責放款業務
- 學歷：小學、法語系國家塞內加爾小學四年級回日本讀小學、中學、住美國8年唸公立萊辛頓高中，17歲回日本進入國立築波大學國際關係學系畢業，日、法、英語都很流利。在美國學到「創業精神」，從中學到大學都過著打工生活累積創業的經驗。

- 創業的7,800萬日圓資金使用分配如下：
  - 店面租金3,000萬（含保證金）每月租金120萬租約2年
  - 店面裝潢2,500萬
  - 廚房設備500萬
  - 購買咖啡豆和杯子300萬
  - 訂金300萬
  - 營運金1,200萬
  - 咖啡一杯300日圓（約90元台幣）
- 公司投資者持股比率
  - 松田公太780萬（29%）
  - 美國Tully's 780萬（29%）
  - 裝潢設計公司515萬（19%）
  - T'slcelce Cream 215萬（8%）
  - 創投公司410萬（15%）
  - 合計2,700萬日圓
- 在銀行服務結識企業經營者利用放款的機會充分審閱每一家公司事業計畫，財務內容、經營理念和方法，學到創業的實質經驗。經營企業最重要的成功要素就是「熱情」和「專注」。

2. 個案分析之二：創業成功者

瑪莎史都華（Martha Stewart）

人生以享受為目的

Martha Stewart（M.S.）（美國夢大企業家，天主教徒）

- 創業法則：10招打造超級人氣

- 1941年生於美國紐澤西的工人家庭，20歲大學畢業嫁給律師安德魯（Andrew）1990年離婚，1972年創立外燴公司，1991年設生活電視台開播，1999年創立瑪莎生活媒體集團發行股票上市，事業版圖跨足商業、教育、電視、媒體、烹飪藝術、零售批發等服務業領域。
- 曾一度是美國排名第二的女富豪，最會穿衣服、最會賺錢、全世界最美麗的100位美女企業家之一。
- 商業周刊評選為全球25位經理人，時代雜誌評選為全美25個最具影響力人物。
- 倡導人生可以再美麗一點，讓世界更美好。
- 以望遠鏡看人生，以廣角鏡看社會，以顯微鏡看事業，成就自己，造就別人，實現女性創業的美國夢。

其創業法則10招：

1. 烹調出成功的人生
2. 投入你熱愛的領域
3. 問自己有什麼大構想
4. 運用望遠鏡、廣角鏡和顯微鏡
5. 跟你的顧客牽上線
6. 包裝自己，大聲宣揚：我上場了！
7. 品質代表一切
8. 讓團隊助你一臂之力
9. 正面思考，繼續前行，網路行銷
10. 冒險，但不要投機

創意：是人生最有價值的智慧，創意是一種隱藏的潛力，學習蜘蛛隱藏在黑暗寂寞的角落，布局它經營生活的企業網路，許

多產物都是來自四面八方自投羅網,蜘蛛待擁羅網獵物,過豐富的生活(王永慶是創業成功的台灣經營之神。松下幸之助是創業成功的日本經營之神)。

創新(Innovation)是繼續生命的纜索,知識經濟的核心價值在企業的人才與研發,不完全在價格上競爭,學習海鷗翱翔海闊天空,但築巢於海灘叢草堆中做生息起飛(創業)腳踏實地的出發點。

張忠謀是創業成功的台灣企業經營之聖,美國史旦福大學電機博士,稻盛和夫是日本企業經營之聖,鹿兒島大學工學部畢業,是日本京瓷創業成功的學人,敬天愛人,人劍合一的實踐哲學家。創設企業不只是為了實現夢想也包括不止現在以及將來都要保護員工及他們家人的生活。創造京瓷企業共159家分公司,優先實力:資金力、行銷力、技術力、果敢挑戰等都是創業成功條件。信奉成功方程式是:人生工作的結果=想法(夢想)×熱情×能力×強烈意志。

中國海爾集團總裁張瑞敏指出「細節決定成敗」。創新存在於企業的每一個細節之中。

創業:上述以兩個成功個案分析做結語,不必羨慕結果(榮華富貴),要效法過程(堅苦卓越)以6次產業創造6倍成功的企業人生,1次生產,2次加工,3次銷售服務。

其公式:$1+2+3=6, 1×2×3=6$

創造高附加價值,企業轉型升級的服務業,依據政府2014年統計歐、美、日本、台灣的服務業均約占GDP 70-72%,中國服務業2015年占GDP 56.8%,有心想要創業者尚有努力的廣闊空間。

第四節　台灣微型企業的發展策略

一、台灣微型企業需政府大力「打點滴」，怎麼打？打什麼針藥。亦即是未來十年在整體產業發展中的地位，如何全力加強加速的創新產業，大戰略是提升台灣的經濟發展地位，必須提升國際貿易地位，促進台灣成為「全球創新中心，亞大營運樞紐，台商營運總部」，跨足兩岸、布局全球。促進區域均衡發展，扶植中小企業，創造多元就業機會，實現樂活台灣，轉型多元產業結構，發展綠色環保節能產業並提高產業附加價值。

二、在提高國際競爭力的大戰略上，未來十年台灣經濟發展必須朝向「全球資源整合者」；因為台灣資源缺乏，97%依賴進口。朝向「產業技術領導者」；因為台灣創新能力，站立全亞洲第2位領導者。朝向「軟性實力創意者」發展；因為台灣在文化創意實力雄厚。

三、在服務業占85%的微型企業正加強加速加快「三加快車上」提升產業的附加價值，創造優質就業機會，提升國民的生活品質。在整體產業發展目標，微型企業是價值鏈終端實踐者的扮演者，是健全產業化環境中塑造地方特色產業的推手。

四、微型企業基本條件有許多不足，政府應大力補救。資訊取得

不易應用資訊觀念不足，不容易取得國際或我國政府的政策資訊。研發創新的能力不足因缺人缺錢。創新的風險承擔能力不足，尤其創投企業更無能力。沒有能力做企劃，沒有能力做完善的申請政府的補助計畫，要靠產學合作支持它才能發展。

政府必須針對微型企業提供資訊，建立網路、舉辦實用的職業培訓。政府必須針對微型企業連結遍布各地域的大專院校和研究機構的「中小企業創新育成中心」，以產學合作開發創新微型產業，以免微型企業創新的風險承擔能力不足，借重當地大專院校的人力資源為微型企業做規劃，為微型企業申請政府的補助計畫。

五、國家應從立法上建立微型企業在中小企業中的法定地位。

　　1. 將微型企業列入中小企業發展條例，必經立法院立法。

　　2. 將微型企業列入中小企業認定標準，必經行政院核定。

　　3. 將微型企業列入創新產業條例，必經立法院立法。

六、國家應將中小企業中的微型企業列入登記並加以輔導，在地域產業化政策施為上，適度放寬土地分區使用，確保水電資源及金融外匯費率穩定，授權地方政府建立營利事業登記制度，鼓勵在地創業並創造就業機會。

七、透過市場調查建立「微型企業地域特色與市場需求」的資料庫，政府可以委託當地大專院校做市場調查建立資料庫。

八、產、官、學合作輔導微型企業開發新技術、新產品及其營運管理特色。運用知識經濟的知識密集，創意密集，環保密集創新微型企業的新技術、新產品的地方特色產業。

九、鼓勵大學生或研究生創新思維發展微型服務業。大學或研究

所畢業與其等待就業，等待別人給與就業機會，不如自己創
業，新時代、新需求，人生以服務為目的或人生以享受為目
的，以新思維去規劃生涯認識新人生的價值觀，多元的社
會，多元的選擇，條條大路通羅馬。

而服務業形式極為多樣化涵蓋了金融、運輸、批發、零售、
餐飲、物流、專業諮詢、個人服務等，青年創業可衡量自己
的實力，從個人微型服務業做起，例如目前製造業外包盛行
帶動大量製造的服務市場發展，包括生產機具的租賃、產品
代工、設計包裝、廣告行銷、衍生了「製造業的服務化」。

就個人創設微型企業，例舉三個成功的案例供參。

個案成功要因分析：

1. 大學生發現桌遊好玩又可聯誼，創設桌遊微型小企業榮
   獲教育部補助。

2. 大學生開發豆乳冰淇淋，榮獲教育部補助。

3. 大學生因打工3年內從工讀生變營業主管10多家皮鞋店。
   （畢業前找到定位）

十、中央政府依中小企業發展條例第二十四條之一「為協助發展
　　地方特色產業，以促進地區經濟繁榮，政府得設立基金」。
　　政府指的是中央與地方政府，因地方政府財源較缺乏，應由
　　中央政府對等補助地方政府設立推動地方特色產業，將「得
　　設立基金」修定為「應設立基金」。

十一、政府積極推動中小微型企業專案優惠融資政策
　　　政府要落實中小企業銀行政策職責，銀行應全力支援中小微
　　型企業融資，提高中小企業信用保證基金的保證額度，補助青年
　　及婦女創立微型企業增加就業機會、穩定社會、縮短貧富差距，

建立幸福社會、造福人民。

　　行政院勞動部辦理的「微型創業鳳凰貸款」與「就業保險失業者創新創業貸款」，面對女力崛起，微型貸款，銀行積極落實性別平等意識貢獻良多。現今，不論是全球經濟驅動力或企業經營，女性已扮演重要角色。銀行提供青年女性，中高齡婦女及身心障礙者女性及離島居民發展微型企業創業資金，並朝著主管機關打造普惠金融體系社會邁進，以行動參與推動性別平等意識，進而促進金融包容性成長並提升普惠金融水準。

　　普惠金融的意義，其中三大核心分別是「可及性」、「實用性」及「品質」。可及性即是確保消費者取得金融服務，消除弱勢族群面臨障礙，微型企業貸款仍協助微型創業者翻轉人生，消除女性創業融資困難度，使社會群體皆享有平等與合理的金融服務。

　　公股銀行配合政府推動中小企業發展並協助微型企業融資需求，輔導中小企業轉型升級，創新研發掌握未來成長趨勢，創造投資動能，提供資源與籌資管道，為中小企業、政府及銀行之間搭起橋樑，藉由政府部門的支持以及金融機構的融資協助，輔導中小企業產業轉型發展，提升研發及創新能力。政府應運用國發基金協助中小企業發展，並加強充實中小企業信用保證基金及中小企業融資信用保證措施，發揮「中小企業千億融資保證專案」，解決中小企業融資擔保品不足的難題。為改善中小微型企業經營環境，各級政府應高度重視中小微型企業都市更新老舊住商兩用的開發計畫專案貸款，創造中小微型企業發展的資源，活化商圈消費繁榮的願景。

　　政府實施「中小企業加速投資行動方案」讓符合「中小企

業認定標準」的台商回台投資中小企業，可享政府補貼手續費1.5%，尤其製造業的金屬、機械、中小微型工具機零件，優先融資期限5年。

未來，面對金融科技的來臨，國際情勢及國內金融業者對新型態融資等三大挑戰，政府要打造台灣成爲亞洲企業資金調度及高階資產管理中心並借鏡先進國家經驗，針對國家重大經濟發展項目成立國家融資保證機制。

因爲過去國內金融機構對投入大型併購，高知識門檻的專案融資，企業全球布局或海外大型基礎建設等業務態度比較保守，連帶使這些重要的經濟發展項目常因融資問題難以進行，對金融和產業而言都是極大的損失。

未來政府針對國家重大經濟發展項目，提供部分保證成數，分擔部分風險，促進融資計畫的成功。

2019年12月3日立法院通過「農產品生產及驗證管理法」部分條文，未來農業委員會將公告實施驗證制度及推動第三者驗證，指定農產品溯源，建立農產品初級加工場發證制度。因一般農產品加工多爲農民小規模家庭式經營，而加工場所的規模不及專業食品加工廠，而且設置食品加工廠的資本較高，一般農民不易取得食品加工廠登記證照。因此增訂申請農產品初級加工廠要件，管理及定期輔導，使農產品可具追溯性及符合食安。

未來小農可以更有效整合一級生產及二級加工，也能更有效處理次級產品和多餘產量。增加販賣品項，延長銷售時間，提升農產品附加價值，提高小農收入，促進台灣農業發展六級產業方向大道邁進，突破台灣地域特產OTOP的困境。

在農業政策全方位配合各地利用各級學校多餘空間，提供師

生參與體驗教學實習的場地，更是產、官、學合作最佳配套措施。有助於台灣中小企業未來發展和成長。

台灣企業銀行首推無形資產融資貸款，確是台灣金融業領航者，更是貫徹政府落實扶助中小企業創新擴大融資管道的領頭羊。

為解決創新公司資金不足，融資困難，工研院、台企銀，中小企業信保基金合作，結合融資，評價及擔保，協助新創公司以智慧財產（IP）取得無形資產融資，降低銀行放款風險。

政府為無形資產專案融資，匡列20億元啟動，已經踏出突破的第一步。台灣產業結構轉型，知識經濟研發能量越來越大，未來文創產業領域也會進一步擴大，專利智慧要有工研院專業機構評價，擔保品不足要有中小企業信保基金保貸，供銀行授信選擇。美國矽谷的創新公司蓬勃發展，主要源於資金市場的挹注及對無形資產評價的重視。對未來台灣的智識經濟研發創新者建立融資機制，為台灣無形資產融資確保智財權，促進中小企業發展創新策略，以中小企業信保基金保證8至9成，利息2%左右，每案最高可貸1,000萬元，限期5至7年，期限內有盈餘當年再付貸款額度千分之三分潤回饋。

貸款對象涵蓋購買工研院產出的智財權並進行技術移轉（Technology Licensing Organization, TLO），或持有智財權經依法登錄無形資產評價機構或評價人員出具評價報告，由工研院評估推薦的廠商，國內已有三家新創公司獲得共2,500萬元的優惠利息融資。

透過工研院的無形資產評價專業，金融機構依據工研院提供的專業評鑒報告，判斷專利未來發展潛力，市場價值，配合中小

企業信保基金提供高成數信用擔保，讓銀行更有把握提供新創事業初期融通資金。

中小企業借貸難，在於透過傳統信評中小企業成功機率約30%。為增加信貸條件，金管會聯徵中心串接繳納水電費等記錄作為信保評價依據。聯徵中心、經濟部、國發會等完成合作建立平台，便可「一站式」查詢其多元信評資料，有助中小企業融資。

由於中小企業營運規模小，因缺少有形資產擔保或資料不足無法做信用評估，就沒有辦法跟傳統金融機構來往，國際上有透過數位引入做法，讓信用指標更多元，金管會應朝此方向協助中小微型企業信貸融資，解決青年或失業者新創企業融資。

政府對失業者創業貸款額度增為200萬元，勞動部「就業保險失業者創業貸款」創設於2007年，開辦申貸創業類別多為網拍零售、餐飲業。至2019年修增資訊產業擴大申請，提高貸款金額到200萬元，增加失業者創業貸款的機會。

為協助中小企業轉型升級，經濟部推動多項政策性專案貸款鼓勵業者積極參與5+2產業創新計畫，經濟部中小企業處提高業者專案貸款成數，低利等利多。國家發展委員會提供100億國發基金，支持力求創新業者轉型升級。如雲林縣的台灣鯛、咖啡、毛巾產業，均列入國發基金補助。

所謂5+2產業就是物聯網、人工智慧、綠能、國防工業、生醫、新農業及循環經濟。只要和「創新」有關能幫助傳統產業轉型升級都可申請貸款，而服務業要將現金支付升級為行動支付完全配套。

中小微型企業政策性專案貸款，搭配中小企業信保基金提高

信保成數，降低信保手續費，提供利率不超過1.595%貸款做中小企業堅實的融資後盾。

如此，不僅可以提升國內金融服務的專業能力也可以將國內豐沛的金融資金，導向重大經濟建設，積極推動金融業和重大經濟發展。此項政府為大企業發展設想的政策應以肯定。但政府同時應重視充實中小企業信用保證基金，促進中小微型融資擔保品不足的困難才能讓國家經濟發展，中小企業全方位走向健康成長大道。

我國中小企業發展條例第二十八條「為鼓勵中小企業製造高級產品，高附加價值產品或服務，開拓外銷市場，主管機關應會同有關機構予以技術及行銷指導並協助參加國外展覽，獲取市場情報，辦理聯合廣告，註冊商標，申請專利或在國外共同設置發貨倉庫。前項高級產品，高附加價值產品製造或服務計畫，經主管機關會同所有有關機關評鑑後認許者，得申請中小企業發展基金補助其產品及市場開發費用」。可見地方特色產業的發展開發在在都需要政府的協助。中央政府應將主管地方產業的「權力」和「經費」下放落實到地方政府，作有效執行地方產業由地方開發的力道。

我國中小企業發展條例第三十七條「各級政府及公營事業進行公告採購或興辦公共工程，應協助中小企業取得業務機會」，第三十八條「各級政府及公營事業辦理公告採購，公共工程或委託研究發展工作者應依實例需要，建立供應商或投標商之中小企業資格及登錄制度。」可見，中央政府協助地方政府促進發展地方產業還有很大的空間。

其他，諸如對中小微型企業更可鼓勵對其稅捐之減免及研發

第七章　發展地域產業繁榮地方經濟

163

人力資源之提供。行政院中小企業政策審議委員會,應就其職責發揮更積極更有效的政策功能。

2018年以來我國經濟部中小企業處推動「中小企業城鄉創生轉型輔導計畫」,促進城鄉產業轉型,平衡區域發展,協助中小企業導入循環經濟,數位經濟及體驗經濟,健全企業經營體質,接軌城鄉「人才,場域,產業」之資源優勢創造創新價值,達成「城鄉創生」的願景目標。

為活絡地方經濟發展,創造在地就業機會,提升城鄉行銷效能,掌握國內外市場商機,協助地方產業及整體中小企業建立利基,深耕城鄉,推動城鄉特色產業發展之重要措施:

1. 推動城鄉特色產業發展
2. 輔導中小企業城鄉創生轉型升級
3. 輔導特定地區群聚產業轉型升級
4. 發展創意生活產業

在提升城鄉行銷效能,採取兩項措施:

1. OTOP行銷推廣
2. 輔導地方特色產業國際化

在拓展商機媒合及出口拓銷積極推動下列計畫:

1. 中小企業經營成長加值
2. 中小企業跨域創新加值
3. 中小企業數位國際行動
4. 新南向市場創新行銷開發
5. 台灣產業形象廣宣
6. 爭取全球政府採購商機
7. 紡織品整合行銷與商機開發

8. 補助業界開發國際市場

9. 智慧機械海外推廣

10. 推動綠色貿易

11. 配合外貿協會推廣海外展銷

12. 輔導地方特色產業走向國際

參考文獻（中文）

1. 經濟部中小企業處（2011）：2011年中華民國中小企業白皮書。台北市：經濟部中小企業處。

2. 中華經濟研究院（2011）：我國中小企業2020年發展策略。台北市：中華經濟研究院。

3. 聯合報：2012年3月23日、3月26日、3月31日。

4. 經濟日報：2012年3月31日A2。

5. 李子彬（2011）：中國中小企業2011藍皮書。北京市：中國發展出版社。

6. 郭泰著（2005）：王永慶奮鬥傳奇。台北市：遠流出版公司。

7. 許文志、吳俊賢等六人（2009）：地方產業創新策略。台北市：五南圖書。

8. 莊素玉（1999）：無私的開創高清愿傳。台北市：天下出版。

9. 呂美女（譯）（2009）：稻盛和夫的中小企業經營學（原作者：稻盛和夫）。台北市：天下出版。

10. 張忠謀（2001）：張忠謀自傳。台北市：天下出版。

11. 楊濟華（2014）：跳海不成的創業人生。台北市：平安文化。

12. 汪中求（2004）：細節決定成敗。台北市：帝國文化。

13. 周旭華（譯）（1998）：勇於創新（原作者：Michael L. Tushman, Charles A. O'Reilly III）。台北市：天下文化。

14. 張燕（2013）：我的人生哲學：馬雲獻給年輕人的12堂人生智慧課。北京市：北京聯合出版社。

15. 陳錚（2012）：成功不是偶然：馬雲的激情人生與創業眞經。上海市：立信會計出版社。

16. 林添貴（譯）（2017）：以色列菁英創新奇蹟（原作者：Jason Gewirtz）。台北市：天下文化。

17. 朱甫（2013）：馬雲口述：創業如此艱難，你要內心強大。深圳市：海天出版社。

18. 經濟部中小企業處（2018）：2018中華民國中小企業白皮書。台北市：五南圖書。

19. 經濟部中小企業處（2011）：完善特色營運模式，提高微型企業競爭力。台北2011年中華民國中小企業發展會議，台北市。

20. 行政院（2018）：地方創生國家戰略計畫。台北市：行政院。

21. 許文志、張李曉娟（2014）：日本中小企業經營管理。台北市：五南圖書。

22. 經濟部中小企業處（2020）：OTOP城鄉特色。取自：https://www.otop.tw/。

參考文獻（日文）

1. 橋川武郎（2005）：地域からの經濟再生。東京：有斐閣。
2. 竹內淳彥（2005）：經濟のグローバル化と產業地域。東京：原書房。
3. 関満博・及川孝信（2006）：地域ブランドと產業振興。東京：新評論。
4. 島田晴雄（2001）：產業創出の地域構想。東京：東洋經濟新報社。
5. 大野幸一（2000）：經濟發展と地域經濟構造。千葉市：ジェトロ・アジア經濟研究所。
6. 井村秀文（2004）：經濟と開發。東京：日本評論社。
7. 日刊建設工業新聞社（2002）：都市、地域の新潮流。東京：日刊建設工業新聞社。
8. 松平守彥（2003）：地方からの發想。東京：岩波書店。
9. 松平守彥（2004）：地方からの變革。東京：岩波書店。
10. 松井和久（2006）：一村一品運動と開發途上國。千葉市：ジェトロ・アジア經濟研究所。
11. 平松守彥（2004）：平松守彥の地域自立戰略。東京：每日新聞社。
12. 古林英一（2005）：環境經濟學。東京：日本經濟評論社。
13. 伊藤正昭（2009）：地域產業・クラスターと革新的中小企業群。東京：學文社。
14. 伊藤正昭（2011）：新地域產業論。東京：學文社。

15. 日本中小企業廳（2011）：2011年日本中小企業白書。東京：日本中小企業廳。

16. 北康利（2012）：松下幸之助。東京：致知出版社。

17. 城戶宏史（2016）：「一村一品運動」から紐解く「地方創生」。日経研月報。東京：日本経済研究所。

18. 櫻井清一（2015）：6次産業化政策の課題。フードシステム研究，22-1。

19. 上原啓一（2019）：農林漁業の6次産業化に関する政策の現状と課題。立法と調査，No.416。

20. 農林水産業省食料産業局（2020）：6次産業化の推進について。東京：農林水産業省食料産業局。

21. 石破茂（2019）：地方創生の課題と展望。全国経済同友会地方行財政改革推進会議分権改革委員会。全国経済同友会。

22. 内閣府（2019）：まち・ひと・しごと創生長期ビジョン（令和元年改訂版）及び第2期「まち・ひと・しごと創生総合戦略」。東京：内閣府。

23. 農林水産業省食料産業局産業連携課（2018）：6次産業化・農商工連携の現状と課題。東京：農林水産業省

24. 農林水産省（2019）：平成31年度6次産業化関連予算の概要。東京：農林水産省。

25. 増田寛也（2014）：地方消滅。東京：中央公論新社。

26. 木下斉（2016）：地方再生大全。東京：東洋経済新報社。

27. 經濟產業省中小企業廳（2019）：2019年日本中小企業白書。東京：日經印刷株式會社。

28. 今村奈良臣（2012）：「農業の6次産業化の理論と実践の課題」『ARDEC』第47号，一般社団法人日本水土木総合研究所海外農業農村開発技術センター

29. 室屋有宏（2013）：「6次産業化の現状と課題-地域全体の活性化につながる「地域の6次化」の必要性-」『農林金融』農林中金総合研究所

30. 室谷有宏（2011）：「6次産業化の論理と基本課題」『農林金融』，農林中金総合研究所

31. 仲野眞人（2016）：「農林漁業を成長産業へ導く「6次産業化2.0」，野村アグリプラニンニング＆アドバイザリー

32. 伊藤正昭（2011）：『新地域産業論』。東京：学文社。

33. 伊藤正昭（2017）：「生産性向上による地域産業の振興-観光の産業化-」

34. 伊藤正昭（2017）：『2017環球科大與日本明治大學國際學術研討會』論文集

35. 玉野井芳郎（1978）：『エコノミーとエコロジー広義の経済学』みすず書房

36. 玉野井芳郎（1977）：『地域分権の思想』。東京：有斐閣。

37. 清成忠男（2010）：『地域創生への挑戦』。東京：有斐閣。

國家圖書館出版品預行編目資料

地域產業OTOP的未來／許文志，張李曉
娟，吳俊賢著. －－初版. －－臺北市：五
南，2020.08
　面；　公分
ISBN 978-986-522-146-1（平裝）

1.區域開發　2.經濟發展　3.產業政策

552.3　　　　　　　　　109010585

1FTU

地域產業OTOP的未來

作　　　者 ― 許文志、張李曉娟、吳俊賢 著

發 行 人 ― 楊榮川

總 經 理 ― 楊士清

總 編 輯 ― 楊秀麗

主　　編 ― 侯家嵐

責任編輯 ― 侯家嵐、趙婕安

文字校對 ― 黃志誠

封面設計 ― 王麗娟

出 版 者 ― 五南圖書出版股份有限公司

地　　　址：106台北市大安區和平東路二段339號4樓

電　　　話：(02)2705-5066　　傳　　真：(02)2706-6100

網　　　址：http://www.wunan.com.tw

電子郵件：wunan@wunan.com.tw

劃撥帳號：01068953

戶　　名：五南圖書出版股份有限公司

法律顧問　林勝安律師事務所　林勝安律師

出版日期　2020年8月初版一刷

定　　價　新臺幣250元

經典永恆・名著常在

五十週年的獻禮 —— 經典名著文庫

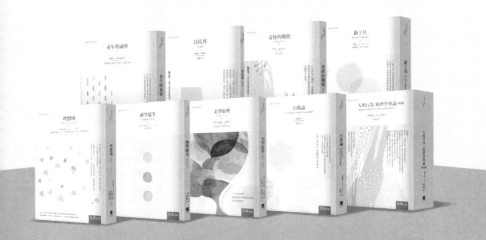

五南，五十年了，半個世紀，人生旅程的一大半，走過來了。

思索著，邁向百年的未來歷程，能為知識界、文化學術界作些什麼？

在速食文化的生態下，有什麼值得讓人雋永品味的？

歷代經典・當今名著，經過時間的洗禮，千錘百鍊，流傳至今，光芒耀人；

不僅使我們能領悟前人的智慧，同時也增深加廣我們思考的深度與視野。

我們決心投入巨資，有計畫的系統梳選，成立「經典名著文庫」，

希望收入古今中外思想性的、充滿睿智與獨見的經典、名著。

這是一項理想性的、永續性的巨大出版工程。

不在意讀者的眾寡，只考慮它的學術價值，力求完整展現先哲思想的軌跡；

為知識界開啟一片智慧之窗，營造一座百花綻放的世界文明公園，

任君遨遊、取菁吸蜜、嘉惠學子！